AF357703

V'LAN! ÇA Y EST!

Revue de l'année en trois actes et dix tableaux

PAR

M. SAINT-AGNAN CHOLER

DÉCORATIONS DE M. ROBECCHI, COSTUMES DESSINÉS PAR MM. CHATINIÈRE ET CORNILLET, EXÉCUTÉS PAR M. ET Mᵐᵉ LOUIS MOREAU

MACHINES DE M. LEBON

AIRS NOUVEAUX DE M. J.-M. CHAUTAGNE

REPRÉSENTÉE, POUR LA PREMIÈRE FOIS, SUR LE THÉATRE DU LUXEMBOURG, LE 31 DÉCEMBRE 1865

PARIS

RENAUD, ÉDITEUR, 14, RUE JACOB

—

1866

RENAUD, Éditeur, 14, rue Jacob
PARIS

Prix : 40 centimes

RENAUD, Éditeur, 14, rue Jacob
PARIS

V'LAN! ÇA Y EST!

Revue de l'année en trois actes et dix tableaux

PAR M. SAINT-AGNAN CHOLER

DÉCORATIONS DE M. ROBECCHI, COSTUMES DESSINÉS PAR MM. CHATINIÈRE ET CORNILLET, EXÉCUTÉS PAR M. ET Mme LOUIS MOREAU
MACHINES DE M. LEBON

AIRS NOUVEAUX DE M. J.-M. CHAUTAGNE

REPRÉSENTÉE POUR LA PREMIÈRE FOIS, SUR LE THÉÂTRE DU LUXEMBOURG, LE 31 DÉCEMBRE 1865

DISTRIBUTION DE LA PIÈCE

SAUVAGEON	MM. DETROGES.
LE THÉÂTRE PARISIEN, ALENVERMAN,	BURGUY.
VAUCOURTOIS, BERNARDIN, PARIS	MURRAY.
TROTTAPATTES	DENIZOT.
CALCHAS	BERNARDIN.
ROBERT, MÉRIDARPAX, UN MONSIEUR	PÉRON.
VESTENPORT II	VIVIEN.
VESTENPORT I	MARTIAL.
LA CASCADE, MATHILDE, LA MUSE DU CARNAVAL	Mmes EUDOXIE LAURENT.
LA GRUE, LA BELLE HÉLÈNE, LA GRÈVE	ARMANDE MOREL.
LE PRINCE SOUCI, JOSÉPHINE, JEANNE BENOITON, ORESTE	ESTHER.
L'EXPOSITION, LA DHUYS, RIGOLO, FANFAN	Mmes MOÏSE.
MADAME BASSINET, MADAME BENOITON	MINNE.
LA PUBLICITÉ, LA SEINE, MADAME DE SAINTE-MOUSSELINE	JACOBUS.
L'HIRONDELLE, LE VERT-GALANT, GLADIATEUR, VIOLETTE	LOUISA.
L'OISEAU DE PARADIS, LA GAITÉ, MODESTE	JULIETTE.
L'ENSEIGNEMENT MUTUEL, LE CHARDONNERET	ANNA.
L'ÉTÉ, LE CABLE	ALICE.
LA PERDRIX, L'EXTINCTEUR	MARIE.
Mme JOCRISSE, LE NOUVEAU CIRQUE, CAMILLE BENOITON	Mmes PERNET.
LE PIGEON, LE CHATELET, BLUETTE	VERNET.
LES FANTAISIES	YVONNE.
LE ROUGE-GORGE, 4e MASQUE, ONDINE, LES DÉLASSEMENTS	JENNY.
1er MASQUE	EUGÉNIE.
SOTINETTE, LA PARLOTTE, 3e MASQUE	GRAY.
BETASSONNE, ONDINE, 2e MASQUE	CARMEN.
ONDINE, ROSE-DE-MAI.	BRASSEUL.
L'AFRICAINE,	AMÉLIE.
ONDINE, FLEUR-DES-CHAMPS	LÉONTINE.

ACTE PREMIER

Une forêt. — A droite, une cabane de feuillage. — Le jour se lève.

SCÈNE PREMIÈRE

L'ÉTÉ, *seul.*

Voici le jour, et rien ne bouge. Les oiseaux se figureraient-ils déjà que l'automne est venu, et que mon règne est fini? Pas de ça, Lisette! Je suis un été qui la fait bonne, mais longue. Réveillons ces paresseux.

Air de *la Faridondaine.*

Hirondelles,
Tourterelles,
Rossignols et pierrots,
Fauvettes et moineaux !
C'est l'aurore;
Tout se dore;
C'est l'heure, l'heure où vos chants sont doux,
Oiseaux, réveillez-vous !
Chantres ailés des buissons.
Le jour attend vos chansons.
Sortez de votre sommeil,
Et saluez le soleil!

SCÈNE II

L'ÉTÉ, LA COLOMBE, LE ROUGE-GORGE, LA PERDRIX, LE CHARDONNERET.

TOUS.

REPRISE DE L'AIR PRÉCÉDENT :
Hirondelles, etc.

C'est l'heure, l'heure où nos chants sont doux,
Oiseaux, réveillons-nous !

L'ÉTÉ. Enfin vous voilà levés. A quoi pensiez-vous donc? Toi, chardonneret, qui es si matineux d'ordinaire?

LE CHARDONNERET. Moi! je ne pense jamais à rien.

L'ÉTÉ. Et toi, mon joli rouge-gorge?

LE ROUGE-GORGE. Je faisais un beau rêve; je rêvais qu'il y avait beaucoup de chenilles, et que la vie n'était pas chère.

L'ÉTÉ. Ça manque de poésie. Je parie bien que la colombe ne s'occupait pas de cela.

LA COLOMBE. Dam ! la nuit...

L'ÉTÉ. On a autre chose à faire. Ce n'est pas la peine de rougir, il n'y a pas de mal. Et toi, la mère de famille?

LA PERDRIX. J'avais le cauchemar. J'ai calculé les jours hier, sur mes ongles...

L'ÉTÉ. Eh bien?

LA PERDRIX. Eh bien! j'ai vu que l'automne approche, et que l'été va nous lâcher. L'automne, c'est la chasse, et je voyais mes pauvres perdreaux avec le tonnerre à leurs trousses.

L'ÉTÉ. Sois tranquille. Je tiens bon, cette année. Dam ! c'est la mode ; tout le monde veut durer à présent. Je fais comme tout le monde.

Air de la *Dixième Muse.*

En vain le temps parle; on s'entête,
Poëte, artiste, comédien :
Pour eux l'heure de la retraite
En vain sonne ; ils n'entendent rien.
En vain l'âge chez la coquette
Frappe depuis longtemps déjà :
Pan ! pan ! pan ! pan! me voilà ! (*Bis.*)
C'est trop tôt, dit l'ancienne belle,
Nous avons encor du loisir.
C'est la mode, et je dis comme elle :
Non ! non ! je ne veux pas finir.

REPRISE EN CHŒUR.

LE CHARDONNERET. Mais vous n'avez pas peur d'agacer les gens, en ne finissant pas?

L'ÉTÉ. Je sais bien qu'ils n'aiment pas ce qui dure, même quand c'est bon.

LA COLOMBE. Hélas!

L'ÉTÉ. Mais je les consolerai en leur faisant une belle vendange, comme je leur ai fait une belle moisson. Et je vais m'en occuper. Et puis, ma longue existence aura fait pousser bien des nouveautés sur la terre, si les hommes sont de parole.

Air : *On a d' ça.*

Ils dis'nt : Si l'on fait la guerre,
Ça n'est pas pour s'amuser.
Mais, hélas! quand sur la terre
On n' pens'ra qu'à s'embrasser..
Il f'ra chaud ! (*Bis.*)
V'là l'moment d'vous satisfaire.
Pris au mot !
Il fait chaud.

LA COLOMBE.
Quand les femm's à leurs ménages
Tranquillement s'en tiendront ;
Quand les maris, moins volages,
De leurs femm's se content'ront...
Il f'ra chaud ! (*Bis.*)
S'il faut ça pour être sages,
Pris au mot !
Il fait chaud.

LE MOINEAU.
Les méd'cins, — ça peut surprendre, —
Sur tout disent blanc et noir;
On dit qu' lorsqu'ils voudront prendre
La même manièr' de voir...
Il f'ra chaud ! (*Bis.*)
Voilà le moment d' s'entendre.
Pris au mot !
Il fait chaud.

L'ÉTÉ.
On dit, — non à leurs louanges, —
Que quand les marchands enfin,
En place d'affreux mélanges,
Aux buveurs vendront du vin...
Il f'ra chaud ! (*Bis.*)
Je suis là pour les vendanges.
Pris au mot !
Il fait chaud.

REPRISE EN CHŒUR.
Il fait chaud ! (*Bis.*)
Il est là pour les vendanges.
Pris au mot !
Il fait chaud !

L'Été sort.

SCÈNE III

LES MÊMES, *moins* L'ÉTÉ.

LA PERDRIX. Il a beau dire ; il n'empêchera pas la chasse de s'ouvrir à l'heure dite.

LA COLOMBE. Est-elle poltronne, cette perdrix! (*Jetant un cri.*) Ah !

LE ROUGE-GORGE. Quoi donc?

LA COLOMBE. J'ai entendu remuer.

LE CHARDONNERET. Où çà ?

LA COLOMBE, *montrant la cabane.* Là-dedans.

LE ROUGE-GORGE. C'est cette grosse bête, qui demeure là.

LE CHARDONNERET. Bah! c'est vilain, mais ça n'est pas méchant.

LA PERDRIX. Sauve qui peut! (*Tous se sauvent.*)

SCÈNE IV

SAUVAGEON, *sortant de la cabane.*

Brrrrouou! Brrrrouou! (*Il s'approche de la rampe et ouvre la bouche comme s'il allait parler, puis fait un geste de dénégation. Il va à un arbre, cueille un fruit et le mange, puis revient. Même jeu que précédemment. Ritournelle de l'air suivant. Il s'enfuit précipitamment, et se cache derrière un arbre.*)

SCÈNE V

SAUVAGEON, *caché*, TROTTAPATTES.
Costume de chasseur naturaliste : filet à papillons, boîte, carabine au dos.

TROTTAPATTES.
Air : *En chasse!* (J.-M. Chautagne.)
Avec mon bagage aux épaules,
Parcourant plaines et forêts,
Je vais de l'équateur aux pôles ;
Je ne me repose jamais.
Le monde est plein de choses drôles,
Et par état je cours après.
    En chasse! en chasse! (*4 Fois.*)
Sur la terre et sur l'Océan,
Courant toujours, je suis de place en place
Les phénomènes à la trace,
Et je m'en fais trois mille francs par an.

SAUVAGEON, *caché.* Hugh!
TROTTAPATTES. Hein?... (*L'apercevant.*) Tiens! un orang-outang! C'est mon affaire. (*Il le couche en joue.*)
SAUVAGEON. Eh! un instant! Votre port d'armes?
TROTTAPATTES, *à part.* Ça parle. Excellent!
SAUVAGEON. Ah! ma foi, tant pis! il n'y a que le premier mot qui coûte... Ça va bien? moi aussi. Donnez-vous la peine de vous asseoir Oui! ça fait du bien de jaboter, quand on s'en prive depuis douze mois ou cinq cent treize mille six cents minutes.
TROTTAPATTES. Arrêtez donc un peu. Est-ce que vous seriez cet homme des bois dont on a tant parlé... ce sauvage artificiel?...
SAUVAGEON. C'est moi, même que j'ai fait une complainte... moi-même, pour qu'elle soit à mon goût.

AIR :
Peuple bourgeois et champêtre,
Gens droits ou marqués au bé,
Approchez tous et gobez
Cett' chanson qui f'ra connaître
A tous ceux qui la verront
Le sauvag' de l'Aveyron.

C'était un homm' bénévole,
Amateur de la vertu ;
Lequel, s'étant aperçu
Que tout allait de traviole,
Fut, pareil au serpent boa,
Se cacher au fond des bois.

TROTTAPATTES. Ravissante poésie !
SAUVAGEON. J'en ai pas mal comme ça.
TROTTAPATTES. Y verra-t-on pourquoi vous vous êtes retiré du monde?
SAUVAGEON. Ah! voilà! Les femmes, mon cher!
TROTTAPATTES. Si c'est vrai?
SAUVAGEON. J'étais fabricant de boutons de fleur d'oranger... Vous savez? pour les couronnes.

Air *de Téniers.*
Je m'étais dit, rempli de confiance :
Les femmes sont des anges de candeur ;
Travaillons donc à parer l'innocence,
Doux attribut de ce sexe enchanteur.
A la fortune il devait me conduire...
Fatale erreur! J'ignor' comment, hélas!
Les demoisell's s'y prenaient pour me nuire ;
Mais mon commerce n'allait pas.
Le fait certain, c'est que ça n'allait pas.

TROTTAPATTES. Pauvre homme !
SAUVAGEON. Et puis on rebâtissait l'hôtel des Haricots... J'ai filé.
TROTTAPATTES. Et vous vous plaisez ici?
SAUVAGEON. Entre les repas, ça va. Mais on est mal nourri.
TROTTAPATTES. Il faut revenir.
SAUVAGEON. Où ça?
TROTTAPATTES. A Paris. Je vous offre une position.

SAUVAGEON. Vous?
TROTTAPATTES. Moi, Trottapattes, commis-voyageur en curiosités, fournisseur des expositions.
SAUVAGEON. Et vous exposez?
TROTTAPATTES. Tout! sans douleur.... pour moi du moins; et sans pitié... pour ceux qui passent au tourniquet.
SAUVAGEON. Le fait est que j'ai vu des exhibitions de peinture... oh! yayaie!
TROTTAPATTES. J'en ai fait une cette année. Exposition honnête! elle n'a pas trop fait parler d'elle. Mais chose vulgaire que des tableaux. J'ai montré des choses bien plus curieuses en fait d'expositions. Tenez! voulez-vous voir la plus intéressante de toutes?
SAUVAGEON. Ici! comme ça? sans payer?
TROTTAPATTES. Je travaille pour elle, et je suis sûr qu'elle n'est pas loin.

SCÈNE VI

LES MÊMES, L'EXPOSITION DES INSECTES.
L'EXPOSITION. Me voici.
TROTTAPATTES. J'en étais sûr. Il n'est pas facile de s'en débarrasser. (*Il se gratte.*)
SAUVAGEON. Qu'est-ce qu'elle montre?
L'EXPOSITION. Tout ce que peut montrer une exposition d'insectes.
SAUVAGEON. Vous avez dû avoir de la peine à rassembler vos échantillons.
L'EXPOSITION. J'ai succédé à l'exposition des chiens ; j'ai trouvé un petit fond en arrivant.
SAUVAGEON. Des chiens aussi?
TROTTAPATTES. Exposition utile et moralisatrice, d'un bon exemple pour les dames... au point de vue de la fidélité...
L'EXPOSITION. Malheureusement, ça n'a pas moralisé les sujets couronnés par le jury. Vous comprenez? l'orgueil...
SAUVAGEON. Ça se conçoit !

TROTTAPATTES.
Air *de la Robe et les Bottes.*
Un' fois rentrés au sein de leurs domiciles,
Il n'était plus possible d'eu jouir.
On les voyait, raisonneurs, indociles,
R'fuser la patte et tarder d'obéir.
Comment forcer un chien à se soumettre,
Et l'empêcher de faire ses embarras,
Quand l'animal peut répondre à son maître :
Je suis médaillé, tu n' l'es pas!

SAUVAGEON. Je n'avais jamais pensé à ça. Espérons que ça n'arrivera pas pour vos insectes. En avez-vous beaucoup?
L'EXPOSITION. Assez pour satisfaire toutes les classes de la société. J'ai les éphémères pour les amoureux ; pour ceux qui vivent du bien d'autrui, les parasites, et pour les gens en ménage, les longicornes. Chacun peut se gratter où ça le démange.
TROTTAPATTES. Et j'en ai encore d'autres pour vous. Il n'y a que votre première grande médaille dans la classe des parasites... Ah! attendez donc! (*Il s'approche de Sauvageon.*) Non, ça ne ferait pas l'affaire.
L'EXPOSITION. Ne t'occupe pas de ça ; j'ai trouvé ce qu'il me faut.
SAUVAGEON. Chez les bêtes?
L'EXPOSITION. Chez les humains. C'est là que ça fourmille.
TROTTAPATTES. Mais où l'avez-vous pris?
L'EXPOSITION. C'est une histoire.
Air : *Lettre de l'Étudiant.*
C'est une histoire assez vulgaire,
Mais morale, et qui prouve au long
Que le monde, ce juge austère,
N'a pas sa jugeotte au talon.
Il était un pauvre bonhomme,
Plein de science et de bonté,
Bon comme un ange et savant comme
Celui qui l'avait inventé.
Il avait bâti des montagnes
De projets nouveaux et féconds ;
Il fertilisait les campagnes,
Il faisait marcher les ballons.
Il avait sa femme et sa fille,
Qui ne demandaient qu'à l'aimer ;
L'une déjà grande et gentille,
L'autre encor faite pour charmer.
A cet humble foyer le diable

N'aurait su par où pénétrer ;
Le bonheur y mangeait à table...
Et c'était trop beau pour durer.
Le monde est plein de bons apôtres,
Vermine par tempérament,
Qui pour eux, du bonheur des autres
Font du plaisir et de l'argent.
Sur cette proie ils se jetèrent,
Et, comme d'habiles chasseurs,
A sa candeur ils présentèrent
L'amitié, l'appât des bons cœurs.
L'un prit les plans restés en friche ;
L'autre de l'épouse eut le cœur ;
L'un fut tout fier, et l'autre riche...
Un autre eut la fille et l'honneur !
Puis quand de tout bien confiscable
Le pauvre homme fut dépouillé,
Ils se souvinrent qu'à leur table
Parfois ils l'avaient convié.
Il fallut ouïr la tempête ;
Dîner en ville ! crime affreux !
Ils dirent : C'est un pique-assiette!
Et tout le monde dit comme eux.
Le voilà roi des parasites.
Cela prouve qu'il est admis
Qu'aux espèces les plus petites
On peut décerner le grand prix.

ENSEMBLE.
C'est une histoire assez vulgaire, etc.

TROTTAPATTES. Alors ça va bien.
L'EXPOSITION. Je n'attends plus que ta récolte, apporte-la moi vite!
TROTTAPATTES. J'y vais.

ENSEMBLE.
Air de M. Thomas.
Oui, là-bas je vais donc l'attendre,
Et de ce que tu pourras prendre,
    C'est dit et bien dit,
    Je f'rai mon profit.
Oui, là-bas, allez donc m'attendre
Et de ce que j'aurai pu prendre.
    C'est dit et bien dit,
    Elle f'ra son profit.

(*L'Exposition sort.*)

SCÈNE VII

SAUVAGEON, TROTTAPATTES.

SAUVAGEON. Je n'en reviens pas... Quel progrès!
TROTTAPATTES. Ce n'est rien que ça. Après celle-ci, j'en ferai voir une autre dont l'utilité se fera généralement sentir.
SAUVAGEON. Une autre exposition?
TROTTAPATTES. De fromages.
SAUVAGEON. Oh! je plains les voisins. Mais d'un autre côté !

AIR :
J'y vois aussi des avantages.
L'exposant gagnera tout d'abord,
Quand il s'agira de fromages,
Cinquant' pour cent sur le transport.
Quand il faudra que l'on remporte,
Après, ces produits merveilleux,
Il suffira d'ouvrir la porte :
Ils s'en iront tout seuls chez eux.
Le transport sera peu coûteux.

TROTTAPATTES. Ah! oùs qu'est mon balai?
SAUVAGEON. Qu'est-ce que c'est que ça?
TROTTAPATTES. C'est une locution personnelle.

AIR :
Fiers dans leurs probités obscures,
Tous mes aïeux étaient portiers.
Ils faisaient la chasse aux ordures
Par les cours et les escaliers.
Je fis comme eux dans mon enfance,
Et, dans le monde comme il est,
Je vois plus d'une circonstance
Qui m' fait penser à mon balai.

SAUVAGEON. Et c'est dans les fromages que vous voulez me faire un sort ?
TROTTAPATTES. Non! c'est au musée Hartkoff, du passage de l'Opéra.
SAUVAGEON. Qu'est-ce qu'on voit là?
TROTTAPATTES. Des modèles d'anatomie.
SAUVAGEON. C'est mon affaire. Seulement, je crains que ça n'attire les femmes. Vous savez... je leur en veux...
TROTTAPATTES. Soyez calme; l'entrée leur est interdite.
SAUVAGEON. Ça me décide. Je vais faire un bout de toilette...

TROTTAPATTES. Ce n'est pas nécessaire ; monsieur Hartkoff est coulant sur la mise.

SAUVAGEON. Oui, mais d'ici chez lui,..

TROTTAPATTES. Vous avez raison; il ne faut pas déflorer les articles. Allez ! en vous attendant, je vais choisir quelques oiseaux dont j'ai besoin.

SAUVAGEON. Il y en a, mais ils sont farouches... Ne leur met pas qui veut grain de sel sur la queue.

TROTTAPATTE. Bah ! vous allez voir.

AIR : *Sérénade de Dunanan.*

C'est moi qu'on vit longtemps,
Devant les bonn's d'enfants
Ébahies,
En mêm' temps qu' les badauds
Charmer les p'tits oiseaux,
Aux Tuil'ries.
Piou ! piou ! piou !
Ma voix vous appelle;
A mon signal envolez-vous.
Piou ! piou ! piou !
Vite à tire-d'aile,
Oiseaux mignons, approchez tous.

CRIS D'OISEAUX, *au dehors.* Piou ! piou ! piou !

TROTTAPATTES. Hein ?

SAUVAGEON. C'est merveilleux ! Je vais mettre un pantalon. (*Il sort.*)

SCÈNE VIII

TROTTAPATTES, L'HIRONDELLE, L'OISEAU DE PARADIS, LE CHARDONNERET, LA COLOMBE, LE ROUGE-GORGE, LA PERDRIX.

TOUS.
REPRISE DE L'AIR.

Piou ! piou ! piou !
Sa voix nous appelle.
A ce signal envolons-nous.
Piou ! piou ! piou !
Vite à tire-d'aile,
Oiseaux mignons, approchons tous.

TROTTAPATTES. Approchez encore... là ! Qui est-ce qui veut venir avec moi?

L'HIRONDELLE. Pour quoi faire?

TROTTAPATTES. Pour aller poser chez le photographe. On fera vos portraits, et on les mettra partout.

L'HIRONDELLE. Si c'est ça, je sais. J'ai déjà eu mon image d'hirondelle sur pas mal d'éventails et de porte-monnaie.

AIR : *Ronde de la Voleuse d'enfants.*

J'étais sur le porte-monnaie
D'un jeun' gandin,
Qui se disait : Faisons-la gaie!
On verra d'main.
J'étais là, l'aile ouverte, emblème
Qui lui disait :
L'oiseau vole, et l'argent de même...
Rien n'y faisait.
Froutt !
Et l'argent s'envola,
Ça finit toujours comme ça.
Et les écus,
Un' fois perdus,
Ne revienn'nt plus.

CHŒUR.

Froutt !
Et l'argent s'envola.
Ça finit toujours comme ça.

L'HIRONDELLE.

J'étais sur l'éventail encore
D'une Laïs,
Qui se disait : Puisqu'on m'adore,
Point de soucis!
J'étais là toujours; mon image
Lui répétait :
L'amour est oiseau de passage...
Rien n'y faisait.
Froutt !
Envolés les amours!
C'est comm' ça qu' ça finit toujours !
Attraits fondus,
Beaux jours perdus,
Ne revienn'nt plus.

CHŒUR.

Envolés les amours,
C'est comm' ça qu' ça finit toujours.

TROTTAPATTES. Alors, tu en as assez?

L'HIRONDELLE. Ma foi, oui. C'est ennuyeux de prêcher dans le désert.

TROTTAPATTES. Ça sera pour un autre... voilà l'oiseau de paradis qui ne demandera pas mieux.

L'OISEAU DE PARADIS. Merci ! j'ai déjà vu ça, et bien placé... sur la tête des dames!...

AIR inédit de J.-M. Chautague.

Perché sur ces malignes fées,
Je me suis demandé pourquoi
Elles s'étaient ainsi coiffées
D'un oiseau divin comme moi.
Ce qui plaisait à leur bonne âme,
C'est mon plumage aux tons si doux.
N'est-il pas juste que la femme
Porte les couleurs de l'époux?
Paris est le séjour du diable;
C'est l'enfer lui-même, et Paris
N'est pas un séjour convenable
Pour un oiseau de Paradis. (*bis.*)

TROTTAPATTES. Personne ne veut venir, alors?

SCÈNE IX

LES MÊMES, LA GRUE.

LA GRUE, *entrant.* Je veux bien y aller, moi. Je ne sais pas où; mais c'est égal !

TROTTAPATTES. Une Grue ! j'en ai le placement; je la mettrai au théâtre !...

LA GRUE. J'y ai déjà été. J'étais femme, avant d'être bête.

TROTTAPATTES. Ça a dû se toucher de près. Et qu'est-ce que vous jouiez, au théâtre ?

LA GRUE. Je ne sais pas. On me donnait un costume, et on me faisait dire des mots. Je regardais le costume; mais les mots, ça ne me regardait pas.

TROTTAPATTES. Et avant ça, qu'est-ce que vous faisiez?

LA GRUE. J'étais bonne d'enfants chez une demoiselle.

TROTTAPATTES. Vous l'avez quittée à cause de ça?

LA GRUE. Oh ! non, je l'ai quittée parce que les maîtres sont injustes.

AIR : *Il pleut, bergère.*

Un beau jour, mad'moiselle
N'a plus voulu de moi,
Parc' que j'étais, dit-elle,
Trop bèt' pour mon emploi.
Comm' si c'était la peine,
S' faisant instruire exprès,
D' savoir l'histoir' romaine
Pour moucher des moufflets !

TROTTAPATTES. Inutile ! Et après?

LA GRUE. Après, comme je n'avais plus à dîner, je me suis mise à souper. On ne voyait que moi dans les restaurants, du soir au matin.

TROTTAPATTES. Une marquise de la fourchette !

LA GRUE. Dites donc, vous! si vous ne me disiez pas de sottises!

TROTTAPATTES. Don ! je voulais dire ; une soupeuse à la mode.

LA GRUE. A la bonne heure. J'y étais, à la mode,.. depuis un jour que j'avais demandé avec quoi on faisait les écrevisses. Ça les avait fait rire, et tout le monde m'invitait, tant on me trouvait amusante... J'étais bien drôle aussi, allez !...

AIR du *Jus de la treille.*

Quand j'étais là, pas moyen qu'on s'ennuie!
On voit des gens devenir langoureux
Dès le potage... Autant vaudrait la pluie!
Foin des galants ! zut pour les amoureux !
Mieux vaut brailler un' chanson fantaisiste,
Qu'on accompagne en chœur à tour de bras :
Le Pied qui r'mue ou *le P'tit Ébéniste.*
V'là d'i plaisir, ou je n' m'y connais pas.
Pan! pan! pan ! viv' la mélodie!
Le tapage, c'est la gaîté.
Quand on n'est pas jolie, jolie,
Faut être aimable en société.
Pan ! pan ! pan !
Eh! donnons-nous-en !
Pan! pan! pan!
C'est ça d' l'agrément!

D'autres, à table, ont la bèt' de manie
De fair' des mots et d' causer tout douc'ment.
Comm' c'est malin d' parler en compagnie
D'un tas d'rébus que personn' ne comprend !
Moi, j'aimais mieux, et c'était plus couv'nable,

Casser les verr's, boire à mêm' les goulots,
Les pieds dans l' plat, me prom'ner sur la table,
Et par la f'nètre attraper les badauds !
Pan! pan! pan ! cassons la vaisselle !
L'chabanais, v'là c' qu'est bien porté.
Quand on n'est pas très-spirituelle,
Faut être aimable en société.
Pan! pan! pan !
Eh! donnons-nous-en !
Pan! pan! pan !
C'est ça d' l'agrément!

REPRISE EN CHŒUR.

TROTTAPATTES. Oùs qu'est mon balai! Elle est complète. Et dire qu'il y en a qui aiment ça!

SCÈNE X

LES MÊMES, SAUVAGEON, *en bourgeois, un riflard sous le bras.*

SAUVAGEON. Me voilà, moi !

TROTTAPATTES. Et superbe, encore.

SAUVAGEON. Ça me gêne un peu. Il paraît que ça engraisse, de brouter au lieu de manger.

TROTTAPATTES. Ça ne nous empêchera pas d'avoir une belle entrée dans le monde.

SAUVAGEON. Ah mais ! vous savez ! si je vais avec vous, c'est à condition que vous me montrerez...

TROTTAPATTES. Pour de l'argent,.. c'est mon intention.

SAUVAGEON. Attendez donc. Vous me montrerez les choses curieuses.

TROTTAPATTES. Parbleu ! C'est convenu. (*Aux oiseaux.*) Vous, unissez vos gazouillements à nos voix, et en avant le chant du départ !

SAUVAGEON.

AIR : *Ronde du Vert Galant.*

Plantons là ce séjour champêtre.
J'aurai du malheur si je dois
Quitter une forêt pour être
Ailleurs volé comm' dans un bois.

CHŒUR.

Piou ! piou ! piou ! piou !
La la itou !
Quittons }
Quittez } ce bocage,
Et bon voyage !
Piou ! piou !
Piou ! piou !
La la itou !
Eh! you piou, piou, piou, piou, piou, piou!

TROTTAPATTES.

J'emporte toujours mon Osage ;
Mais j'ai regret de n'être pas
Tombé sur une femm' sauvage ;
Ça serait plus rare là-bas.
Piou ! piou ! etc.

LA GRUE

Au théâtre, dans les prom'nades,
Au restaurant, sur le boul'vart.
Quand vous verrez mes camarades,
Dit's leur bien des choses de ma part.
Piou ! piou ! etc. (*Changement.*)

DEUXIÈME TABLEAU

Une cour d'auberge. — A gauche, l'entrée. — A droite, la porte de la maison avec l'enseigne : Au Grand Saint-Jocrisse. On loge à pied, à cheval, et en chemin de fer.

SCÈNE PREMIÈRE

MADAME JOCRISSE, *puis* SOTINETTE *et* BÉTASSONNE.

MADAME JOCRISSE, *entrant.* Sotinette! Bétassonne! Où sont-elles encore, ces deux imbéciles-là ? Sotinette !

SOTINETTE, *entrant.* Voilà, madame! C'est que je tirais du vin.

MADAME JOCRISSE. As-tu refermé le robinet?...

SOTINETTE. Non, madame. Mais pas besoin. Le broc est dessous... quand il sera plein, il ne pourra plus rien entrer dedans; il faudra bien que ça s'arrête !...

MADAME JOCRISSE. Est-elle bête! C'est un plaisir... et l'autre... Eh ! Bétassonne.

BÉTASSONNE, *se montrant.* Je ne peux pas venir.

4

MADAME JOCRISSE. Pourquoi ça?

BÉTASSONNE. Vous m'avez dit d'aller ramasser des cornichons dans le jardin... J'attends qu'il en tombe.

MADAME JOCRISSE. Parfait! je les aurais fait faire exprès... elles ne seraient pas mieux réussies...

SOTINETTE, *regardant au dehors.* V'là des gens qui viennent.

MADAME JOCRISSE. Des voyageurs! Retournez à votre ouvrage et continuez à faire honneur à mon enseigne.

ENSEMBLE.
Air nouveau de M. Thomas.

Faisons / Faites } honneur à } son / mon } enseigne!
Et que les étrangers reçus
Dans ces lieux où Jocrisse règne,
Par elle ne soient pas déçus.
(Bétassonne et Sotinette sortent.

SCÈNE II
Madame JOCRISSE, TROTTAPATTES, SAUVAGEON.

TROTTAPATTES. Une auberge! Voilà notre affaire!

MADAME JOCRISSE. Vous désirez, messieurs?...

SAUVAGEON. Nous renseigner.. d'abord. Figurez-vous!... c'est à crever de rire!... Pourquoi riez-vous?

MADAME JOCRISSE. Pour vous faire plaisir.

SAUVAGEON. Merci. Figurez-vous... c'est trop drôle!... que nous nous sommes égarés...

TROTTAPATTES. Et nous voudrions simplement savoir où nous sommes.

MADAME JOCRISSE. Ah!

SAUVAGEON. Pourquoi ne riez-vous pas?...

MADAME JOCRISSE. Parce que je vois que vous n'allez pas loger ici... ce n'est pas la peine.

TROTTAPATTES. Vous entendez les affaires, vous!

SAUVAGEON. Et nous sommes?

MADAME JOCRISSE. A Versailles, à l'hôtel du Grand saint Jocrisse.

SAUVAGEON. Versailles... je connais...

TROTTAPATTES. Mais l'hôtel .. connais pas...

MADAME JOCRISSE. Ça n'est pas étonnant. J'ai mis mon enseigne de cette année seulement.

Air : *Paillasse.*

Il faut compter, c'est bien plus sûr,
Dans les temps qui sont nôtres,
Moins sur l'esprit qu'on a que sur
L'esprit qui manque aux autres.
J' n'ai pas grands moyens,
Pourtant je maintiens
Qu' j'aurai du bénéfice,
Si j'ai pour clients
Seul'ment tous les gens
Voués à Saint-Jocrisse.

TROTTAPATTES. Je vous crois.

MADAME JOCRISSE. Aussi, il m'est venu une belle clientèle de Paris.

SAUVAGEON. Et qui ça?

MADAME JOCRISSE. Tous ceux qui ne jugeaient pas prudent d'y rester... et puis tous ceux qui n'y avaient pas d'agrément. J'ai les Jocrisses de l'amour, les Jocrisses de l'argent, les Jocrisses du mariage, les Jocrisses du célibat, les Jocrisses...

TROTTAPATTES. Arrêtez! Nous allons à Paris, laissez-y quelqu'un pour nous recevoir ..

SCÈNE III
Les Mêmes, LA PUBLICITÉ, *en tambour de ville.*

LA PUBLICITÉ. Monsieur a raison. Si vous continuez, il n'y aura plus personne, et je tambourinerai pour les murailles. (*Roulement de tambour.*)

SAUVAGEON. Voilà une dame qui aime le bruit!

LA PUBLICITÉ. Par goût et par état, vous pouvez le dire. Si on ne m'entendait pas, je serais nettoyée; car je suis la Publicité.

TROTTAPATTES. Un bel organe!

LA PUBLICITÉ.
Air de la *Veuve Bilboquet* (J.-M. Chautemps.)

Je parl' pour me faire entendre,
Et j'm'en acquitt' gentiment;
J'ai de l'aplomb à revendre,
Et j'vais bien au boniment.
J'annonce les déballages,
J'annonc' les journaux naissants,
J'annonc' les nouveaux ouvrages,
J'annonc' les médicaments;
J'annonc' les mariages,
J'annonc' les accidents.
Accidents et mariages,
Livres et médicaments.
Ah! rataplan! rataplan, plan, plan!
Voilà ce qui vient de paraître;
Voilà, voilà ce qu'il faut connaître.
Prenez tous! pressez-vous!
D'mandez tous !
C'est l' vrai moment!
Tant pis si l'on n'est pas content,
Pourvu qu'on donn' l'argent!
V'lan!

SAUVAGEON, *se bouchant les oreilles.* J'ai envie de lui donner un sou, pour avoir la paix.

LA PUBLICITÉ. C'est tout ce que je demande. Et avec la paix, vous aurez encore quelque chose par-dessus le marché.

MADAME JOCRISSE. C'est raisonnable.

TROTTAPATTES. Ça dépend de ce qu'on donne!

LA PUBLICITÉ. La nourriture de l'esprit et du cœur, étalée en tartines sur du papier à chandelles. Voulez-vous *le Point du Jour,* journal du matin? *la Lune,* journal du soir? *la Lampe au pétrole,* journal de nuit? Voulez-vous *le Soleil,* un journal qui vaut cinq centimes et qui se vend deux sous,' ou *l'Événement,* un journal qui se vend deux sous et qui vaut deux francs? Choisissez! faites-vous servir.

SAUVAGEON. Et de quoi parlent-ils, tous ces journaux-là?

LA PUBLICITÉ. De leurs camarades. Prenez-moi un *Petit Journal.* Ça se tire à 250,000, et ça taonne tout ce monde-là avec *le Journal Illustré, le Journal Politique, le Journal Littéraire, le Soleil et les Galeries Frascati*...

SAUVAGEON. Frascati! c'était une maison de jeu autrefois.

TROTTAPATTES. On pouvait y gagner dans ce temps-là. A présent, c'est autre chose.

LA PUBLICITÉ. A présent on peut y acheter un aquarium! Voici la Sainte-Pétronille. Vous avez un cadeau à faire?... du courage à la poche!

MADAME JOCRISSE. A quoi ça sert-il, un... machin comme vous dites?...

TROTTAPATTES. Un aquarium? cadeau charmant, économique en ménage!...

SAUVAGEON. Ah! je crois bien!

Air du *Charlatanisme.*

Pour dix francs net, les amateurs
Emportent une chope en verre,
Où l'on peut espionner les mœurs
D'un goujon nageant dans l'eau claire.
Le lend'main, fâché d'être vu,
L' goujon meurt... Par aventure
S'il vient un convive imprévu,
On n'est pas pris au dépourvu;
On peut offrir une friture.
Sans pêcher on a la friture!

TROTTAPATTES. Quelles ressources on trouve à présent!

LA PUBLICITÉ. Vous en apprendrez bien d'autres avec moi. — J'ai des livres pour ça, et à bon marché! Voulez-vous voir? *L'Enseignement mutuel,* petite bibliothèque nationale à cinq sous le volume. (*Roulement de tambour.*)

SCÈNE IV
Les Mêmes, L'ENSEIGNEMENT MUTUEL.

L'ENSEIGNEMENT, *chantant.*
Air connu.

Cinq sous !
Cinq sous !
Voilà pour cinq sous d'science !

TROTTAPATTES. Oh! où qu'est mon balai! Nous connaissons cet air-là!

MADAME JOCRISSE. C'est ça, votre bibliothèque?

SAUVAGEON. Elle est bien garnie.

TROTTAPATTES. Il y en a tant qui ne sont que des planches!

L'ENSEIGNEMENT. Pas moi.

Air : *Ma mère m'a donné un mari.*

Je suis l' Enseign'ment mutuel,
Et j'enseigne
Sans qu'on s'en plaigne.
On a l' savoir universel,
Grâce à l' Enseign' ment mutuel.

De ça je n'ai jamais mangé,
Dit un moutard à l'autre môme;
Donn' moi de' quoi qu' t'as, t'auras d' quoi j'ai.
Ça va! dit l'autre, et voilà comme
On s'instruit dans mon p'tit royaume.....
Grâce à l'Enseignement mutuel,
Car j'enseigne, etc.

REPRISE EN CHŒUR.
Grâce à l'Enseign'ment mutel!
Il enseigne, etc.

MADAME JOCRISSE.
Le client apprend du marchand
Que l'on vole dans la boutique;
Le marchand apprend du client
Que fair' crédit à la pratique,
C'est donner pour rien c' qu'on fabrique.
Vive l'Enseign'ment mutuel, etc.

SAUVAGEON.
L'époux à son épouse apprend
L'hymen et ses chansons nouvelles.
Mais, quand petit ménage est grand
Et quand amour a pris des ailes...,.
A son tour il en apprend d' belles.
Vive l'Enseign'ment mutuel, etc.

TROTTAPATTES.
Ma bell' possède un perroquet.
A cette volaille indiscrète,
J'apprends à dir' : Baisez coco!
Elle' me répond : Oui, bébé Jules!
Ça m'apprend..... que je n' suis qu'une huître !
Vive l'Enseign'ment mutuel, etc.

L'ENSEIGNEMENT. Et tout ça tient dans ces petits livres-là?

TROTTAPATTES. Voyons! (*Il en prend un.*) Si c'est pour apprendre à lire, c'est bon. Quand on peut lire là-dedans, on peut dire qu'on sait lire.

LA PUBLICITÉ. Dam! pour cinq sous!

Air : *On dit que je suis sans malice.*
Donner pour pareill' bagatelle
Une marchandise si belle,
N'est-ce pas la déprécier?

SAUVAGEON.
Oh! n'allez pas vous effrayer.
Toujours votre bibliothèque
Aura sa valeur intrinsèque.
Vos livres se donn' raient gratis
Qu'ils vaudraient encore leur prix.
Ils vaudraient bien toujours leur prix.

LA PUBLICITÉ. Ainsi, vous ne voulez rien prendre?

TROTTAPATTES. Merci! sans cérémonie.

LA PUBLICITÉ. Alors, nous nous en allons.

MADAME JOCRISSE. Où ça?

LA PUBLICITÉ, *montrant la maison.* Là dedans, où sont toutes mes pratiques. Je ne sais pas ce qui les a amenées là...

TROTTAPATTES. Je le sais bien, moi...

MADAME JOCRISSE. Je vais vous conduire...

REPRISE DE L'AIR D'ENTRÉE.
Ah! rataplan, plan, plan, plan, etc.
(*La Publicité, l'Enseignement et madame Jocrisse sortent.*)

SCÈNE V
TROTTAPATTES, SAUVAGEON, *puis* VAUCOURTOIS.

TROTTAPATTES. Et nous, en route!

SAUVAGEON. J'aurais pourtant bien voulu voir les locataires de ce nid à queues rouges.

TROTTAPATTES. Possible; j'aperçois quelqu'un qui m'a l'air d'en être.

VAUCOURTOIS, *entrant; il a l'air très-cassé.*
Pingo! Pingo!
Pingo! laguénago!

SAUVAGEON. Plaît-il?

VAUCOURTOIS.
Pingo! laguénago!

TROTTAPATTES. J'entends bien, mais je ne comprends pas.

VAUCOURTOIS. C'est une... je ne trouve pas le mot... une cantilène, qui me rappelle une femme que j'ai beaucoup aimée.

SAUVAGEON. Ça a dû lui faire plaisir.

VAUCOURTOIS. Ah! Elle a été heureuse, la drôlesse!

Entre Paris et Lyon,
Dzing la boum! la boum! la la!
C'est une autre cantilène qui me rappelle
une autre femme que j'ai beaucoup aimée.
J'en sais pas mal comme ça!
SAUVAGEON. Vous avez donc passé votre temps
à apprendre des chansonnettes?
VAUCOURTOIS. Que voulez-vous? Quand on est
toujours resté célibataire!.....
    Ah! quel plaisir d'être garçon!
    Encore une!
TROTTAPATTES. Ah! je vois ce que c'est. Cé-
libataire et mûr... En Français : vieux gar-
çon. Monsieur vient du Gymnase?
VAUCOURTOIS. Tout droit. Et je m'y suis fait
du bon sang. La belle vie!
    Ah! quel plaisir d'être garçon!
    AIR : Un vieux farceur.
Papillon aux vives ailes,
Sans cesse je voltigeais;
J'offrais bijoux et dentelles!
On prenait tout c' que j'offrais.
Après, comme un paquet d' linge,
On m' plantait là sans façon,
En m' disant : adieu, vieux singe! } (bis.)
Quel plaisir d'être garçon!
J'avais un asthme et la goutte;
Personn' ne s'en affligeait.
Mes mots s'égaraient en route,
Et tout le monde en riait.
Les enfants ne m' gênant guère,
J' pouvais laisser en pur don
Tout mon bien à ma portière... } (bis.)
Quel plaisir d'être garçon!
SAUVAGEON. En voilà de l'agrément!
VAUCOURTOIS. Eh bien! vous me croirez si
vous voulez: on se lasse de tout. Je trouverais
une femme jeune, jolie, riche, spirituelle, et...
je ne trouve pas le mot... disposée à m'aimer
pour moi-même... ma foi!...
TROTTAPATTES, à part. Oùs qu'est mon ba-
lai.
VAUCOURTOIS. Vous dites?
TROTTAPATTES. Je dis : ce serait bien fait!...
SAUVAGEON. Ne faites jamais ça, croyez-moi.
Je sais ce que c'est :
    Même air.
Je sais ce que ça rapporte.
J'en ai pris suffisamment.
Ma femme était un' femm' forte,
Et j'étais battu... comptant!
Pour compléter mon affaire,
Ell' m'a fait encor.....
    VAUCOURTOIS
        Quoi donc?
    SAUVAGEON.
Ce qu'ell' n'aurait pas pu m' faire, } (bis.)
Si j'étais resté garçon.
VAUCOURTOIS. Pourtant.....
SAUVAGEON. Ne le faites pas!
TROTTAPATTES. Je vais vous mettre d'accord.
AIR : Amis, voici la riante semaine.
La pièce avait du bon; mais, dans la thèse
Qu'il soutenait contre le célibat,
Le moraliste en prenait à son aise :
Il condamnait l'âge, et non pas l'état.
Vieux garçon, c'est une méchante affaire.
Et vieux mari!... Ce n'est pas l'ennuyeux
D'être époux ni d'être célibataire;
Le véritable ennui, c'est d'être vieux.
Mari, garçon, très-bien! mais jamais vieux!

SCÈNE VI

LES MÊMES, ROBERT.

ROBERT, à Trottapattes. Il parle comme un
arrosoir. Vous en avez menti! il n'y a pas
d'âge pour ça! Les femmes ne respectent pas
même les cheveux noirs.
TROTTAPATTES. Ah! mais... (Il s'essuie le vi-
sage.)
ROBERT. Un mot de plus, et je vous fais sauter la coloquinte, et à moi aussi, et à celui-là
aussi.
SAUVAGEON, même jeu... Mais je ne vous connais pas.
ROBERT. Vous ne connaissez pas, moi, Robert
de Puycrin, dit Ducrachoir?... moi, le mari
des Deux Sœurs!
TROTTAPATTES. Un bigame! Je vais le faire
arrêter!...

VAUCOURTOIS. Eh! non; c'est l'homme à la
grande veste du Vaudeville.
SAUVAGEON. Excusez mon ignorance. Je sors
d'un bois.
ROBERT. Ne dites jamais ce mot-là devant
moi, ou je vous fais un de ces outrages qui ne
s'essuient qu'avec un mouchoir.
SAUVAGEON, ouvrant son parapluie. Ça peut
se parer.
TROTTAPATTES. Il est violent!
ROBERT. Ah! c'est que mon histoire est si
dramatique! et si neuve surtout, à ce que dit
mon auteur.
AIR : Le Père encourroux. (J.-M. Chautagne.)
Y avait une espèc' de gandin,
Qui se permettait d' trouver ma femm' gentille.
    A Vichy cette espèc' de gandin.
N' s'en va-t-il pas avec ell' prendre un bain ?
    Moi, qui n'aimais pas cette pastille,
    A Vichy soudain
Voilà qu' j'arrive comme un crin.
Mon épouse, craignant quelque bisbille,
    Emmèn' son gandin;
Mais ils n' manqu'nt pas de manquer l' train.
    Vous voulez l' train?
    En v'là du train!
Polisson ! v'là c' qui n' s'est jamais vu.
Faire qu'un' noble dame à ce point s'émoustille !
Polisson ! v'là c' qui s'est jamais vu.
D'un mari bien né faire un mari camus !
    — Me v'là, moi, que j' lui dis : A nous deux !
Tout en l' traitant comme un crachoir hygiénique,
    Me v'là moi ; battons nous, si tu veux.
— Je n' me bats jamais, qu'il me dit, quand il pleut.
— Faudra donc te flanquer des coups d' trique ?
    — Ça n'y ferait rien.
— Alors, j' vas prendre un autr' moyen!
    Pour te forcer à t'alignère,
    Je m'en vas, ma foi,
Nous tuer tous les deux, toi-z-et-moi.
    Pif ! v'là pour moi !
    Paf! v'là pour toi !
Pif! paf! pouf! v'là c' qui n' s'est jamais vu.
A la fin d'un drame, tous les acteurs par terre !
Pif! paf! pouf! v'là ce qui n' s'est jamais vu.
Un dram' qui finit par du sang répandu!

Mais l' plus neuf, le v'là ! c'est qu' le public
Avec mon auteur, veut faire des manières.
Mais l' plus neuf, le v'là! c'est qu' le public
D'appeler Azor veut se donner le chic.
C'est là qu'on voit mon caractère.
    Je m'écrie : ah ! çà!
Croyez-vous que c'est du Dumas ?
    Vous allez trouver ma pièce belle.
    Ou j'vous fais à tous
Sauter le caisson comme à nous !
    Tas de grigous!
    Tas d'sapajous!
Pour le coup, v'là c' qui n' s'est jamais vu.
Assommer l'public, bon ! mais lui chercher qu'relle!
Pour le coup, v'là c' qui s'est jamais vu.
Moi, j' l'assomm' d'abord, après j'lui tir' dessus!

TROTTAPATTES. Cette averse m'a ému.
SAUVAGEON. J'en suis tout humide. Mais ce
que je n'ai pas compris, c'est le titre de la
pièce.
ROBERT. Oh !
VAUCOURTOIS. Oh !
TROTTAPATTES. Oh !... Le fait est que ça peut
se demander. Mais on en a donné une expli-
cation ingénieuse.
    AIR : Muse des bois.
Comprends donc bien que, dans ce drame immense,
L'époux rageur, de son fait convaincu,
Au jeun' premier, auteur de sa souffrance,
Administrait un coup de pied...
    SAUVAGEON.
        Connu !
    TROTTAPATTES.
Y en a qu' ça fâch'; mais lui, le bon apôtre,
Sans doute aimant les coups mieux là qu'ailleurs,
Lui répondait noblement : Voici l'autre !...
Et v'là pourquoi ça s'app'lait les Deux Sœurs !
SAUVAGEON. Ah ! bon !
ROBERT. Et si vous ne comprenez pas, je
vous brûle la cervelle, v'là tout ! Bonsoir !
    ENSEMBLE.
    Reprise de l'air précédent.
Pour le coup, v'là c'qui n'est jamais vu.
    Etc., etc.
    (Vaucourtois et Robert sortent.)

SCÈNE VII

SAUVAGEON, TROTTAPATTES.

SAUVAGEON. Il me brûle la cervelle !
TROTTAPATTES. Et il nous brûle la poli-
tesse...
SAUVAGEON. C'est un brûleur !
TROTTAPATTES. L'eau et le feu à lui tout
seul !
SAUVAGEON. Enfin, grâce à ces gens-là, nous
avons vu des Jocrisses. Il n'y a que les Jocris-
ses de l'amour que nous n'avons pas vus.
TROTTAPATTES. Attends. Voilà quelque chose.

SCÈNE VIII

LES MÊMES, LE PRINCE SOUCI.

    LE PRINCE.
    AIR des Noces de Figaro.
    Mes yeux sans cesse
    Versent des pleurs ;
    Pour ma princesse
    D'amour je meurs!
Que c'est comme un bouquet de fleurs!...
TROTTAPATTES. Tu entends ? Il meurt d'a-
mour.
SAUVAGEON. C'est un Jocrisse!...
TROTTAPATTES, s'approchant. Allons ! là ! ça
ne va pas mieux ?
LE PRINCE. Jamais. On m'a bien nommé le
Prince Souci, allez !
SAUVAGEON. Prince, ce n'est pas un mauvais
état.
LE PRINCE. Oui ; mais Prince de féerie, c'est
une fichue profession.
    AIR : Complainte de Gil Blas.
Chez les blancs et chez les nègres
    Errer par monts, par vaux,
        Sans repos,
Tra la, la, la, la, la, la, la!
Trotter comme les chats maigres,
    C'est là faire un état
        D'Auvergnat.
Tra la, la, la, la, la, la, la!
    C'est bien la pein' d'être prince,
D'être blond avec les yeux noirs,
Pour que la belle qui vous pince
Se change en biche tous les soirs.
    Voyez quel destin godiche!
Quand mon tintoin sera fini,
Si mon épouse est une biche.
Qu'est-ce que sera son mari?
Chez les blancs et chez les nègres, etc.
TROTTAPATTES. Pauvre potentat ! je vous
plains.
SAUVAGEON. Bah ! vous avez des dédomma-
gements.
LE PRINCE. Insuffisants.
TROTTAPATTES. Vous avez un beau titre.
LE PRINCE. Je ne dis pas. La Biche au bni ...
ça fait bien sur l'affiche ; mais dans un mé-
nage...
SAUVAGEON. Si vous aimez les honneurs, vous
en avez votre content.
LE PRINCE. Ce ne sont pas les décorations qui
me manquent, c'est vrai.
SAUVAGEON. Ni la nourriture. Vous avez des
légumes, vous avez des poissons...
TROTTAPATTES. Ni les fumums, mon gaillard.
Vous en avez de toutes les couleurs.
LE PRINCE. Trop. Il y a surtout une belle brune
qui me fait assez d'agaceries.
TROTTAPATTES. Prenez-la. D'abord sa toilette
ne vous coûtera pas cher. Ce n'est pas celle-là
qui a besoin de vingt mètres d'étoffe pour ses
robes.
LE PRINCE. Elle ne se cache pas pour m'ai-
mer. Eh bien ! rien n'y fait. C'est ma biche
qu'il me faut. Ah ! je m'en ferai mourir !
SAUVAGEON. Bah ! vous n'êtes pas le premier
à qui ça arrive, d'avoir une toquade pour une
bête comme ça.
LE PRINCE. Et je ne suis pas non plus le pre-
mier qui en souffre.
    AIR de Dagobert. (bis.)
O vous, les beaux, les jeunes et les riches,
A qui le ciel fit un destin béni,
Aimez, c'est l'heure, aimez! Mais gare aux biches!
Quand on les aime, a, i, ni, c'est fini !
La fée auteur de leur métamorphose
Leur a donné, par malheur, ce qui plaît :
Forme élégante, œil brillant, museau rose,

Abord facile et pelage coquet,
Vous les verrez folâtrer avec grâce
Aux bords du lac choisi pour leurs ébats,
Et vous suivrez, entraînés sur leur trace,
Le doux désir qui vous parle tout bas.
La vanité conduit aussi chez elles;
Les niais vont là, pour dire après : J'y vais!
Et pour ceux-là ce qui fait les plus belles,
C'est l'éclat triste et le renom mauvais.
Et tout est dit ! Le foyer, la famille
Ne seront plus que des mots importuns ;
Fleur embaumée et fraîche jeune fille
Pour vos cœurs morts n'auront plus de parfums.
La bête aimée aura tué la femme,
Qui ne sera pour vous dorénavant,
Poupée ornée et peinte, où manque l'âme,
Qu'un beau joujou qui s'achète et se vend.
Le froid calcul, le vice des gens sages,
Se glissera dans vos rêves d'amour;
Vous penserez qu'il faut des héritages,
Pour que les fils soient riches à leur tour.
Quelque jour même à votre main salie
Vous unirez les doigts purs d'une enfant,
Qui n'a rien fait pour être ainsi punie,
Que d'être née en un berceau d'argent.
Vous le ferez sans remords et sans honte ;
Car vous aurez, ô fils de Turcaret !
Gagné le mal du siècle ou tout s'escompte.
Achetez donc, ô vendus! c'est bien fait!
Courez-y donc, à ces amours fatales;
Mais, en goûtant à leurs bonheurs malsains,
Souvenez-vous qu'elles font les fronts pâles,
Les cœurs flétris et les cerveaux éteints.
O vous les beaux, les jeunes et les riches, etc.

SAUVAGEON. Merci du conseil; mais vous auriez dû le prendre pour vous.

LE PRINCE. Ah! ouiche! on dit ce qu'on veut, mais on fait ce qu'on peut.

TROTTAPATTES. Consolez-vous, allez ! Le mal n'est pas grand. Quand votre biche était vivante, je ne dis pas; mais maintenant que c'est un mannequin...

LE PRINCE. Au fait! C'est la Biche en bois qu'on devrait dire à présent. Cette idée me met du baume. Le danger est passé ; je retourne à Paris.

SAUVAGEON. Nous ferons route ensemble. Vite, au chemin de fer!

LE PRINCE. Ça va trop doucement.

TROTTAPATTES. A moins de prendre le télégraphe...

LE PRINCE. Eh bien ! Et mon talisman? C'est donc pour les portiers? Vous allez voir. Une, deux, trois! — V'lan, ça y est! (*Changement.*)

TROISIÈME TABLEAU
La butte Chaumont.

SCÈNE PREMIÈRE
SAUVAGEON, TROTTAPATTES, LE PRINCE, LE GAZON, LA CORBEILLE DE FLEURS.

TROTTAPATTES. Nous sommes arrivés.

SAUVAGEON. A Paris? Je ne vois pas de maisons.

LA CORBEILLE. Il n'y en a plus.

SAUVAGEON. Plus de maisons à Paris?

LA CORBEILLE DE FLEURS. Jamais! Il n'y a plus que nous: la Corbeille de fleurs...

LE GAZON. Le gazon verdoyant.

LA CORBEILLE. Le tout réuni ici, à la butte Chaumont.

SAUVAGEON. Ça, la butte Chaumont? Elle est bien changée depuis que je ne l'ai vue.

LE GAZON. Dam! tout change avec l'âge.

LE PRINCE. Les ravages du temps n'ont pas fait de mal, ici.

SAUVAGEON. Je crois bien! de la verdure, des fleurs...

TROTTAPATTES. Et de l'eau!

SCÈNE II
LES MÊMES, LA CASCADE.

LA CASCADE. Présente! Et de l'eau vive encore.

SAUVAGEON. Je sens une fraîcheur... Est-ce qu'il pleut?

LA CASCADE. Non! c'est moi.

AIR : *Je suis le galant oiseleur (Flûte enchantée).*
Je suis la cascade, et gaîment
J'agite mon ruban d'argent.
Dans mon mouvement éternel
Je fais ondoyer l'arc-en-ciel. (*bis*)
Je cours et je sautille;
Mes flots chantent un joyeux chœur,
Et mon eau qui babille } (*bis.*)
A la voix d'un enfant moqueur. }

LE PRINCE. Je connais ça; j'ai une cascade dans mes décors, et beaucoup dans mon dialogue.

TROTTAPATTES. On a raison de dire que l'eau qui court, ça jette de la gaieté dans le paysage.

SAUVAGEON. C'est égal! je ne m'attendais pas à être reçu dans Paris par une cascade.

LA CASCADE. Plaignez-vous donc! c'est la reine du pays qui vous en fait les honneurs.

SAUVAGEON. La reine?

LA CASCADE. En personne. C'est moi qui commande partout, sous toutes les formes et dans tous les sens. Ici, je tombe de haut en bas. Dans le monde, pour varier mes exercices je monte de bas en haut... avec la mode, avec les manières, avec le langage. Je pars du faubourg pour arriver dans la ville, des ateliers pour pénétrer dans les salons, du quartier Bréda pour inonder la Chaussée d'Antin. Cascade partout! cascade toujours!

TROTTAPATTES. Oùs qu'est mon balai?

LA CASCADE.
Air nouveau de J.-M. Chautagne.
J'ai le théâtre pour vassal,
A ce point que l'on se demande
A quel bout du Palais-Royal
Vont danser Clodoche et Normande.
Dans le sexe le mieux vêtu,
Plus d'une m'arbore sans gêne,
Et fait, comme la belle Hélène,
Cascader... jusqu'à sa vertu.
 Car la cascade, } (*bis.*)
 C'est la toquade }
De ce temps hostile à l'ennui. (*bis.*)
 C'est la toc, toc, toc, }
 La tocade   } (*bis.*)
A la mode aujourd'hui. }

A peine échappé au maillot;
Vous voyez les fils de famille
Apprendre au paternel magot,
Une danse où la gaîté brille.
Plus d'un, trop généreux amant,
S'embarque sur une cascade,
Qui commence par une œillade
Et finit par un jugement.
 Car la cascade, etc.

Est-ce un grand mal? l'esprit français
A toujours pris gaîment les choses,
Et faut-il, pour un peu d'excès,
Prendre si tôt des fronts moroses?
La gaîté, c'est notre trésor ;
C'est la force et c'est le courage
Du soldat qui rit sous l'orage,
Et tombe en cascadant encor.
 Oui, la cascade, etc.
REPRISE EN CHŒUR.

SAUVAGEON. Je viendrai me promener ici, moi. Ça sera une promenade agréable.

LA CASCADE. Et vous n'en voyez pas encore tous les agréments.

TROTTAPATTES. Quoi donc, mon Dieu? Est-ce qu'il y a des Trinkhall, comme sur le boulevard de Sébastopol?

SAUVAGEON. Ou une pleine eau, comme aux bains Deligny?

LE PRINCE. Ou des taureaux, comme à l'Hippodrome?

LA CASCADE. Mieux que ça! dans tous les jardins on met des cygnes et des canards...

SAUVAGEON. Et ici?

LA CASCADE. Ici, voilà!

SCÈNE III
LES MÊMES, UN RÉGIMENT DE COCOTTES EN PAPIER.

LES COCOTTES.
Air nouveau de M. J, Chautagne.
Cot, cot, cot, cot, cot, codette!
Cot, cot, codette!
Notre troupe marche en rang,
Légère et coquette.
Cot, cot, cot, cot, cot, codette!
Cot, cot, codette !
Notre troupe marche en rang
Comme un régiment.
LA CASCADE.
Les voyez-vous défiler la parade?
TROTTAPATTES.
On le dit bien : Quand les poul's vont aux champs...
LE PRINCE.
Chacune suit au pas sa camarade...
SAUVAGEON.
Les autr's derrière, et la premièr' devant.
CHOEUR.
Cot, cot, cot, cot, cot, codette!

LA CASCADE. Eh ! bien ! qu'en dites-vous?

SAUVAGEON. Je viendrai encore plus souvent me promener ici.

LA CASCADE. Vous les trouverez toujours près de la cascade.

TROTTAPATTES. Ça me fait regretter les jours de mon enfance; j'excellais dans cette fabrication.

Même air.
Un régiment de cocottes naguère
Me procurait un plaisir des plus doux.
Aussi, d'un fils si jamais je suis père,
Je lui promets d'avanc'... d'autres joujoux.
CHŒUR.
Cot, cot, cot, cot, cot, codette! etc.
LA CASCADE.
Oui, des enfants ce jeu-là fait la joie.
Mais à présent c'est un jeu délicat.
Ça se fabrique avec le papier d' soie
Qu'au temps passé signait M. Garat.
Cot, cot, cot, cot, cot, codette! etc.
LE PRINCE.
Ce qu'on nous dit me fait naître une idée
Qui me sourit extrêmement; j'aurai
Une cocotte, et quand j' l'aurai gardée
Assez longtemps, eh bien!... je la chang'rai.
Cot, cot, cot, cot, cot, codette! etc.
SAUVAGEON.
Oui, je viendrai; j'aime entendre les notes
Des gais oiseaux chantant dans les tilleuls.
Or, les serins vont où sont les cocottes,
Et les pigeons viendront ici tout seuls.
CHŒUR.
Cot, cot, cot, cot, cot, codette! etc.
     (*Rideau.*

ACTE DEUXIÈME
Une galerie d'égout vue en perspective. Galeries latérales. — Nuit.

SCÈNE PREMIÈRE
SAUVAGEON, TROTTAPATTES.

SAUVAGEON.
Air :
Avançons en silence
Dans ce lieu souterrain.
 Hein?
TROTTAPATTES.
Tâtonnons par prudence,
Et suivons la paroi,
 Quoi?

SAUVAGEON. Le diable m'emporte, si nous ne sommes pas perdus comme cent francs à la roulette.

TROTTAPATTES. C'est ta faute. Pourquoi as-tu laissé tomber la lanterne dans le ruisseau!

SAUVAGEON. Ça ne serait pas arrivé si nous étions restés là-haut. Quelle idée d'aller se promener dans les égouts!

TROTTAPATTES. C'est la mode. Il n'y a rien de mieux porté. Les femmes ont des toilettes exprès pour ça. Tu veux tout voir. Regarde.

SAUVAGEON. Merci !

TROTTAPATTES.
AIR : *J'interrogeais toutes les portes closes.*
Tu geins à tort ; tu savais bien que l'homme,
Ici surtout, est des plus disputeurs;
Et qu'à Paris tout peut se r'garder comme
Des questions de goûts et de couleurs.
On t'a déjà fait là-haut, par les rues,
Quelques bons tours de marchands, de filous,
SAUVAGEON.
Et les couleurs ainsi m'étant connues,
Il me fallait connaître aussi les goûts.

Si seulement il faisait clair.....

TROTTAPATTES. Attends. Je vois une petite lueur là-bas.

SAUVAGEON. Ça approche.

SCÈNE II

LES MÊMES, MÉRIDARPAX; *il a une lanterne. — Jour.*

MÉRIDARPAX, *fredonnant.*

AIR : *Aussitôt que la lumière.*

Quand j'ai bu comme un pirate,
Dont le coup n'a pas raté,
Ça me désopil' la rate
Et j' ris comme un dératé.

TROTTAPATTES. C'est un rat.

SAUVAGEON. Un rat de cave, alors, puisqu'il éclaire.

TROTTAPATTES. Parle-lui!

SAUVAGEON. Par farce; je veux bien.

MÉRIDARPAX. Tiens! du mondé... pas de chiens, au moins!

SAUVAGEON. Il parle!

TROTTAPATTES. N'ayez pas peur, petit.

MÉRIDARPAX. Oh! nous n'avons peur que des chiens, depuis que c'est nous qui mangeons les chats.

SAUVAGEON. Ce qui m'étonne, c'est de vous entendre jaboter!

MÉRIDARPAX. Dam! à force d'écouter les badauds qui viennent se promener chez nous...

TROTTAPATTES. Vous avez appris notre langue?

MÉRIDARPAX. Avec des modifications :.. Ça nous fait une langue nationale; vous allez voir.

AIR de *Ma nièce et mon Ours.*

Un' parole à leur usage,
Aux rats c'était c' qui manquait;
Ils ont dans votre langage
Trouvé ce qu'il leur fallait.
Au lieu d'appeler rapin
L'artiste même qui peint,
C'est celui qu' l'artiste peint
Qu' chez nous on nomme rapin.
S'occupe-t-on, où nous sommes,
De l'auteur d'un attentat?
Nous, nous disons : c'est les hommes?
Quand vous dites : Scélérat!
Les commerçants afficheurs
Pour nous sont des racoleurs,
Et les pères les meilleurs
Ne sont que des radoteurs.
Quand les maris à leur rate,
Voyant dix amants et plus,
Trouv'nt que c'est trop d'disparate,
Ils sont bientôt rabattus;
Si la guerre, dans les camps,
Rappell' jusqu'aux vétérans,
Ces vieux soldats peu calés
Form'nt le corps des rappelés.
Sans qu' nous soyons idolâtres
Des spectacles enfantins,
Si nous avions sept théâtres,
Ils s'raient m'nés par sept rats fins.
Pa-ser l'eau nous gène peu,
Grâce aux radeaux. C'est un jeu,
D'puis qu'on a, pour nos ébats,
Inventé le bac à rats.
Un' parole à leur usage,
Aux rats c'était c' qui manquait;
Ils ont dans votre langage
Trouvé ce qu'il leur fallait.

REPRISE ENSEMBLE.

SAUVAGEON. Il est gai, ce rat; j'en souris.

TROTTAPATTES. Où qu'est mon balai? Écoute plutôt ce que ce rat dit. Il va nous indiquer où nous sommes.

MÉRIDARPAX. Vous êtes au bout du grand Collecteur, tout près de la rivière Tenez! on voit le jour. Encore quelques pas, et vous y êtes.

SAUVAGEON. Merci. C'est tout ce qu'il nous faut.

MÉRIDARPAX. Bonsoir, alors. J'ai bien soupé à la Halle; je vais me coucher.

ENSEMBLE.
Reprise de l'air d'entrée.

MÉRIDARPAX.

Quand j'ai bu comme un pirate, etc.

TROTTAPATTES et SAUVAGEON.

S'il est en mal de fête,
J' [illegible] bien [illegible]raté,
[illegible] la rate
[illegible] dératé

(*Ils partont. — Nuit.*)

SCÈNE III

SAUVAGEON, TROTTAPATTES.

TROTTAPATTES, *regardant le fond qui s'éclaire peu à peu. — Musique.* Il avait raison; je vois venir la fin de nos peines.

SAUVAGEON. Et en musique encore! (*La clarté grandit; le fond s'ouvre; on voit, paraissant graduellement, le Palais des Ondines.*)

CHŒUR, *au dehors.*

AIR : *La Terre promise.* (J. M. Chautagne.)

Filles du flot d'argent, nymphes aux cœurs ti-
mides,)
Qui craignons les mortels et leur contact impur,
Cachons-nous bien, mes sœurs, en nos grottes hu-
mides,)
Le bonheur est pour nous sous leurs voûtes d'azur.
En cet asile heureux,
Où rien ne nous menace,
Au bruit harmonieux
De la vague qui passe
Mêlons nos chants joyeux!

DEUXIÈME TABLEAU.
SCÈNE PREMIÈRE

LES MÊMES, LA SEINE, LES ONDINES.

SAUVAGEON. Ah bien! je ne m'étonne plus qu'on aille se promener dans les égoûts. Tu ne m'avais pas prévenu de ça.

TROTTAPATTES. C'est une surprise.

SAUVAGEON. Où sommes-nous ici?

LA SEINE, *s'avançant.* Chez moi.

SAUVAGEON. Dans quelle rue?

TROTTAPATTES. Ou plutôt sous quelle rue?

PREMIÈRE ONDINE. Sous le pont des Arts.

DEUXIÈME ONDINE. Au fond de la rivière.

SAUVAGEON. Si j'avais su, j'aurais apporté des vessies.

LA SEINE. Inutile; il n'y a plus d'eau. La chaleur ne m'en a pas laissé une goutte.

AIR : *Comme il m'aimait!*

Je suis à sec! (*Bis.*)
L'été brûlant a bu sans gêne
La Seine et les poissons avec;
Il a vidé ma coupe pleine.
Je suis à sec! (*Bis.*)
Je n'ai plus d'eau, je suis à sec!

Je suis à sec! (*bis.*)
Comme un provincial pris au gîte,
Qui vient d' jouer avec un grec;
Comme un amoureux que l'on quitte...
Je suis à sec! (*Bis.*)
Je n'ai plus rien, je suis à sec!

PREMIÈRE ONDINE. Aussi nous serait-il impossible de vous inviter à vous rafraîchir.

TROTTAPATTES. Ça se trouve bien; je ne prends jamais rien, quand il n'y a que de l'eau.

LA SEINE. Tout ce que je puis vous offrir, c'est un spectacle extraordinaire. Les eaux sont si basses qu'on voit le fond.

SAUVAGEON. Voilà mon affaire.

AIR : *J' voudrais rendre la mariée.*

J'aime à scruter le fond des choses,
Et j'avais raison en disant
Qu'en matièr' de faits et de causes,
On s'instruit bien en voyageant.

TROTTAPATTES.

C'est vrai; tout chang' selon les places;
Car c'est, là haut d'où nous venons,
Justement quand les eaux sont basses,
Qu'il est malaisé d' voir les fonds.

LA SEINE. On a trouvé des choses bien curieuses dans mon lit, allez!

SAUVAGEON. Faites voir!

LA SEINE. Vous verrez... Des ferrailles de tous les temps, des épées, des poignards. Il paraît que la Seine a été le théâtre de bien des événements

TROTTAPATTES. J'aime ce rapprochement entre la Seine et le théâtre.

AIR des *Carrières de Montmartre.*
PREMIÈRE ONDINE.

On est surpris en voyant   } bis
Tout c' qui tomb' dans la Seine, } en chœur.

TROTTAPATTES.

Possibl'! mais bien autrement,
On est surpris en voyant,
Acteur sans talent,
Auteur arrogant,
Tout c' qui tomb' sur la scène!

DEUXIÈME ONDINE.

On peut en juger ici;   } bis
N'y a plus d'eau dans la Seine. } en chœur.

SAUVAGEON.

Quelle chance pour nous si,
Par les grâces bien servi,
Le public ravi
Pouvait d re aussi :
N'y a plus d'or sur la scène.

TROTTAPATTES. Enfin, voyons toujo rs un échantillon des choses tombées dans l'eau.

SCÈNE II

LES MÊMES, LE CABLE TRANSATLAN-
TIQUE.

LA SEINE. Tenez! en voila une.

LA CABLE. Et vous n'en verrez jamais une si longue. C'est ma grandeur qui m'a nui.

AIR d'*Un Mari dans du coton.*

Avec raison on a dit
Qu'en fait de chanc', le plus petit
Excelle, celle, celle, celle.
En affaire, en amour, à
La scène, on voit réussir la
Ficelle, celle, celle, celle,
A la Bourse, aux jeux d'argent,
Où le gain au plus diligent
S'accorde, corde, corde, corde,
Aux courses surtout, eh bien!
La chance est à celui qui tient
La corde, corde, corde, corde.
Moi, plus long qu'un jour sans pain,
J' n'en finis pas, et le destin
M'accable, cable, cable, cable.
Pour moi, tout va de guingois;
J' n'arrive à rien, bien que je sois
Le câble, câble, câble, câble.
Avec raison on l'a dit
La chance est au plus petit!

REPRISE EN CHŒUR.

TROTTAPATTES. Un câble! quel câble? nous avons beaucoup de câbles.

LA SEINE. C'est le Câble transatlantique.

SAUVAGEON. Bigre! un grand personnage!

LE CABLE. Et encore vous n'en voyez que la moitié; je suis cassé.

TROTTAPATTES. Par où? Ça ne paraît pas.

LE CABLE. En deux! net!

SAUVAGEON. C'est égal; donnez-nous des nouvelles d'Amérique. Est-ce vrai que, là-bas, les femmes portent des revolvers dans leurs cheveux?

LE CABLE. Puisque je suis cassé... Sans ma moitié, je ne suis bon à rien.

AIR de *l'Apothicaire.*

Nous nous sommes fait une loi
De fidélité mutuelle;
Ma moitié ne fait rien sans moi,
Et moi je ne fais rien sans elle.

TROTTAPATTES.

Je veux vous croir'; mais, c'est égal,
Les câbles ont de drôl's d'usages;
Chez nous, ça s' fait, en géléral,
Tout autrement dans les ménages.
On s' pass' très bien, en général,
L'un de l'autre dans les ménages.

LE CABLE. Eh bien! moi, quand j'ai vu qu'on ne pouvait pas me noyer avec elle, ça m'a fait tant de chagrin, que je suis venu faire le plongeon ici.

SAUVAGEON. Et volé! pas d'eau!

SCÈNE III

LES MÊMES, LE DÉLUGE DU CHATELET, LE DÉLUGE DE LA GAITÉ.

LE DÉLUGE DE LA GAITÉ. Pas d'eau! il m'en faut pourtant.

LE DÉLUGE DU CHATELET. Pas d'eau! nous allons rire... Ne lui en donnez pas.

LA SEINE. Il n'y a pas de risque. A-t-on jamais vu des déluges qui manquent d'eau?

LE CHATELET. Pas moi; au Chatelet on s'en passe.

LA GAITÉ. Mais à la Gaité, on ne s'en passe pas.

LE CHATELET ET LA GAITÉ.

AIR : *Vénus au fond de notre âme.* (*Belle Hélène.*)

Dans mon dram' le mauvais ange
A grisé le genre humain.

TOUS.
Dans leur dram', etc.
LA GAÎTÉ.
Des pêcheurs le ciel se venge,
En mettant d' l'eau dans leur vin.
LE CHATELET.
Chez moi, c'est bien plus étrange,
C'est à sec qu'on prend le bain.
LA GAÎTÉ.
A l'eau! Oh! (*bis.*)
Et l'eau coule à plein tonneau!
LE CHATELET.
A l'eau! Oh! (*bis.*)
Il ne tomb' pas une goutte d'eau.
REPRISE EN CHŒUR.

LE CHATELET. Le beau mérite! un déluge avec de l'eau!... l'habileté, c'est de faire comme moi, un déluge sans pluie.

TROTTAPATTES. Et il faut lui rendre cette justice, à ce déluge-là. Chez lui, il n'a pas plu.

LE CHATELET. Jamais!

LA GAÎTÉ. J'avais essayé, au moins.

TROTTAPATTES.
AIR : *Les anguilles.*
Je ne dis pas; mais votre ondée,
Tombant d'une gouttière à trous,
Donnait une assez piètre idée,
Vraiment, du céleste courroux.
En voyant votre patriarche
Prendre tant d' peine, on s'étonnait
Qu'il pensât à bâtir une arche,
Quand un riflard lui suffisait.

LE CHATELET. Alors, à moi le pompon!

SAUVAGEON. Peut-être bien. D'abord vous avez le mérite de la franchise.

AIR :
Le porteur d'eau vous a manqué ;
Mais, avec un peu de mystère,
Personne n'aurait remarqué
Cette imperfection légère.
D'un œil endormi quand j'ai vu
Jouer ce drame où l'on s'ennuie,
Je vous déclar' que j'avais cru
Voir tout le temps tomber la pluie.

LA SEINE. Allons! vous êtes sévères. Ils avaient des ballets.

TROTTAPATTES. Ils sont heureux. Si j'avais le mien!... Enfin, ça répare bien des choses.

LA GAÎTÉ. Et ça fait toujours bien.

AIR : *C'est une immense bacchanale.* (*Belle Hélène.*)
Rien dans un poëme biblique
Ne vient à propos comme ça.
LE CHATELET.
On parle en langage mystique,
Des colères de Jéhovah...
TROTTAPATTES.
Et tout à coup, autre musique!
Le piston fait son tra la la,
Tra la la, tra la la!
Comm' ça fait bien dans ces drames-là!
(*Le Câble, le Châtelet et la Gaîté sortent en dansant.*)

SCÈNE IV

TROTTAPATES, SAUVAGEON, LA SEINE, LES ONDINES, *puis* L'AFRICAINE.

SAUVAGEON, *les regardant sortir.* En avant, arche!

TROTTAPATTES. J'avais entendu dire que le déluge était une lessive mal réussie. Mais, en voyant ce déluge de déluges...

LA SEINE. Eh! bien?

TROTTAPATTES. Eh! bien, j'en suis convaincu. (*Musique à l'orchestre. Unisson du cinquième acte de l'Africaine.*)

SAUVAGEON. Hein! voilà une harmonie qui ne donne pas envie de danser.

TROTTAPATTES. J'ai entendu ça quelque part.

LA SEINE. A l'Opéra, dans l'*Africaine.*

TROTTAPATTES. Juste! méfions-nous. (*L'Africaine entre et se pose comme si elle allait chanter.*)

SAUVAGEON. Elle va nous chanter son grand air ; ça sera une bonne affaire de faite.

L'AFRICAINE. Non! parlons plutôt de mon vaisseau.

TROTTAPATTES. Ah! oui! on n'en a pas assez parlé. Il va bien?

L'AFRICAINE. Il manque d'eau.

TROTTAPATTES. Pourvu qu'il ne manque pas d'airs.

SAUVAGEON. C'est donc un vaisseau à musique?

L'AFRICAINE. Un vaisseau en cœur de chêne.

TROTTAPATTES. Avec une chaîne de chœurs... du haut en bas.

L'AFRICAINE. Il faut entendre ça, si on peut.

SAUVAGEON. Connu!

AIR : *Ronde de la Prière des Naufragés.*
Sous le pont
Un chœur se lamente;
Sous le pont
Quel tapage ils font!
TROTTAPATTES.
Sur le pont
Un autre chœur chante,
Qui répond
Aux chanteurs du fond.
TOUS.
Hisse!
SAUVAGEON.
Aux tristes sons qui montent de la cale...
TROTTAPATTES.
Répond d'en haut une chanson navale.
SAUVAGEON.
Hélas! Hélas!
Ça ne va pas!
TROTTAPATTES.
Hisse
La drisse,
Matelot
Rigolo!
CHŒUR.
Hisse
La drisse,
Etc.
SAUVAGEON ET TROTTAPATTES.
Ah! chante-t-on
Sur le pont
Sous le pont!
REPRISE EN CHŒUR.
Sous le pont, etc.

SAUVAGEON, *électrisé.* J'aime ça, moi. J'étais né pour la marine. Tout le monde sur le pont!

SCÈNE V

Les Mêmes, LE VERT GALANT.

LE VERT GALANT, *entrant.* Tout le monde sous le pont, voulez-vous dire!

LA SEINE. Ah! mon voisin, le Vert Galant.

LE VERT GALANT. Et pas content... Si vous restez à sec, comment voulez-vous que je me retire sur mes consommations?

SAUVAGEON. Ah! vous donnez de l'eau à boire?

LE VERT GALANT. Jamais! J'en vends, avec accompagnement de grosse caisse et de clarinette.

SAUVAGEON. Un charlatan, alors?

TROTTAPATTES. Es-tu bête! C'est un café chantant.

LE VERT GALANT. En bas du Pont-Neuf. Situation exceptionnelle, bière de Bavière et Femme à barbe! Le tout sous le patronage du bon Henri, qui me regarde de là-haut...

TROTTAPATTES. Avec son dos.

SAUVAGEON. Il doit être bien content.

LE VERT GALANT. Je vous crois. Il entend ma musique... qui n'a pas dit son dernier mot.

AIR : *Un né, deux nés.* (*Bonsoir, voisin.*)
Mon do, mon do, mon domaine est grand,
Et pourtant je prétend
L'agrandir encore.
Mon ré, mon ré, mon répertoire a,
On s'en étonnera,
Dix notes déjà.
Mon mi, mon mi, mon minois galant
Et ma voix sonore,
M'ont fa, m'ont fa, m'ont facilement
Fait trouver charmant.
TROTTAPATTES. Oh la la!
MÊME AIR.
Son sol, son sol, fût-il en bémol,
N'est jamais qu'un sous-sol
Pas trop hygiénique.
Un la, un la, un lavoir ferait
Beaucoup mieux, s'il était
En ce lieu frisquet.
SAUVAGEON.
Et si, et si, si nous somm's les bœufs,
Au moins sa musique
Nous de, nous de...vrait, au lieu d'airs neufs,
Chanter des ponts neufs.

LE VERT GALANT. Voulez-vous un échantillon?

SAUVAGEON. Je serais flatté de voir l'effet des voix de vos chanteuses, combinées avec les voies d'eau.

LE VERT GALANT. Prenez place alors. Figurez-vous que vous êtes chez moi.

SAUVAGEON. Alors, si ça vous est égal, je vais pêcher à la ligne.

TROTTAPATTES. Je vais faire des ricochets.

L'AFRICAINE. Et moi, je vais étudier la navigation, en regardant passer les trains de bois.

LE VERT GALANT. Un instant! Il faut prendre quelque chose.

SAUVAGEON. Volontiers.

AIR : *Patrie, honneur.*
Ne fait's pas trop de bruit au bord de l'eau,
Et tout à l'heur', je vais prendre... une truite.
LE VERT GALANT, *à la Seine.*
Et vous?
LA SEINE.
Moi, j' prends un rhume de cerveau.
L'AFRICAINE.
Et d' peur d'en prendre autant, moi, j' prends la
[fuite.
TROTTAPATTES.
Moi, je sais bien ç' que j' prendrais sans regret :
C'est mon balai, si j' savais où qu'il est.
(*Bis en chœur.*)

LE VERT GALANT. En voilà des clients! Faudra peut-être que ce soit moi qui vous donne pour boire.

SCÈNE VI

Les Mêmes, LA GRÈVE, *en cocher.*

LA GRÈVE. Ça serait du propre? c'est ça qu'il ne faut pas souffrir. Hue! Dia! (*Elle fait claquer son fouet.*)

SAUVAGEON, *atteint.* Aïe! qu'est-ce que c'est que ces manières-là?

LA SEINE. Encore une voisine à moi.

LA GRÈVE. Et une chouette voisine, ma biche, et qui ne se laisse pas marcher sur le pied... la Grève!

SAUVAGEON. Une place!

LA GRÈVE. La place de ceux qui n'en ont pas, et le refuge des gens vexés. Vous ne voulez pas saluer les cochers jusqu'à terre, bourgeois, et leur offrir des rafraîchissements? Me voilà, moi, et on va voir.

TROTTAPATTES. C'est drôle. Il m'avait toujours semblé que c'étaient les fiacres qui étaient durs pour le pauvre monde.

LA GRÈVE. Je t'en fiche! quand il n'y aurait que les amoureux... En v'là qui sont tannants.

AIR : *Avance, cocher.* (J. M. Chautagne.)
Quand en fiacre un' citadine
Monte avec un citadin,
Au cocher ça se termine
Toujours par fair' du chagrin.
Pourvu qu'à l'heure on les traîne,
Tout est égal aux amants.
Sur le siége est tout' la peine,
Et tout le plaisir dedans. (*bis.*)
Avance, avance, cocher!
Souffre sans broncher
L' soleil et la neige.
Avance, avance, cocher!
Sans jamais broncher,
Il te faut marcher.
REPRISE EN CHŒUR.
LA GRÈVE.
Sans mettre un instant en panne,
Faut trotter par tout Paris.
Puis après on vous chicane
Sur le temps et sur le prix.
On se fait tirer l'oreille
Pour trent' sous d' pour boire... Hu! dia!
Tu te figur's donc, ma vieille,
Que ça peut durer comm' ça?
Ça n' peut pas durer comm' ça!
En grève, en grève, cocher!
S'ils veulent marcher,
Qu'ils prennent leurs jambes.
En grève, en grève, cocher!
S'ils ne veul'nt pas marcher,
Ils iront s' coucher.
REPRISE EN CHŒUR.
LA SEINE. Et vous leur avez fait ce tour-là?
LA GRÈVE. D'aplomb! pendant huit jours.

SAUVAGEON. Et après?

LA GRÈVE. Après, les cochers se sont aperçus qu'on s'habituait à se passer d'eux, et ils ont repris les rênes.

TROTTAPATTES. Avec le fouet.

LA GRÈVE. Mais pendant ces huit jours-là, il fallait voir... surtout ceux qui avaient besoin de fiacres pour faire leurs noces.

TROTTAPATTES. Oh! moi, ça m'aurait été égal. Je ne me marie jamais.

SAUVAGEON. Et moi, je me marie à pied.

LA GRÈVE. On vous prendra par un autre côté.—Vous devez être porté sur la nourriture, vous.—Eh bien! à votre service! (*Changement de costume.—Elle est en écaillère.*)

SAUVAGEON. Une écaillère!

LA GRÈVE. La grève des huîtres, mon fiston, avec ta permission. C'est donc toi qui viens à mon étalage, au risque de passer pour un antropophage? Et après, ça fait le délicat; ça en voudrait plus d'une douzaine au plat, et ça espère, — tu le verras bien! — qu'on les donne encore pour rien!

SAUVAGEON. Mais, madame...

LA GRÈVE. Ça a pu se faire du temps de votre jeunesse, mon vieux, avant la colonne; mais maintenant ça n'est plus ça:

AIR connu:
J' vois, sur'votr'frimousse à rendr'jaloux les pitres,
Que vous êtes l'ami des huîtres.
N'y a pas d' mal à ça; l'huître a beaucoup d'appas,
Et puis ça fait marcher les litres.
Mais faudra les payer, mon gas,
Deux francs la douzaine, ou vous n'en aurez pas...
Et, comm' vous êtes le roi des rats,
Ça vous ferme la... bouche à quinz' pas.

SAUVAGEON. Bigre! c'est salé, en effet.

LA GRÈVE. A prendre ou à laisser.

TROTTAPATTES. Prends, par pitié.

AIR : *J'en guette un petit de mon âge.*
L'huître me semble une piètre pâture,
Et si je parle ici, c' n'est pas pour moi.
C'est la finance et la littérature
Que je crains d'voir tomber en désarroi.
Peux-tu songer, sans qu'en ton cœur s'élève
Un vrai chaos de sentiments émus,
A tous les gens qui ne travaill' ront plus,
Quand les huîtres seront en grève! (*bis.*)

LA GRÈVE. Vous faites votre malin, vous; mais, si vous n'aimez pas les huîtres, vous aimez bien quelque chose... les demoiselles... ah!

TROTTAPATTES. Je ne dis pas; c'est gentil, quand ça a des yeux, des dents, des cheveux, des...

LA GRÈVE. Des cheveux! je vous tiens! (*Changement. — Elle est en Bretonne, avec de longs cheveux.*)

SAUVAGEON. Une paysanne!

LA GRÈVE. Eh! oui, mon bon monsieur; je viens de loin, allez!

AIR *nouveau de* J. M. Chautagne.
Pour v'nir à Paris,
J'ai quitté Mortagne,
Mon joli pays,
Ma chère Bretagne,
Eh! lon la, lon la,
On m' disait : Tu peux,
Dans c' pays d' Cocagne,
T' faire un sort heureux,
Rien qu'avec tes ch' veux...
Eh! lon lon la, lon laine,
Eh! lon lon laine, lon la!

SAUVAGEON. Le fait est que vous en avez.

LA GRÈVE. Eh bien! je suis allée où ça se vend... On m'en a offert un morceau de pain. Aussi je retourne là-bas, où je le dirai aux autres... Et on verra!

TROTTAPATTES. Qu'est-ce que ça nous fait?

LA GRÈVE. Vous qui aimez les cheveux, vous en chercherez où vous pourrez.

SAUVAGEON. Je crois qu'elle calomnie les Parisiennes.

LA GRÈVE. Nigaud! (*Se baissant.*) —Tiens! à propos de cheveux, j'en trouve... A qui ça? (*Elle montre une natte qu'elle a prise dans sa poche. Toutes les femmes en scène portent la main à leur chignon.*) Avez-vous vu?

SAUVAGEON, *riant.* Elle est bonne.

LA GRÈVE. Vous pouvez la faire partout. Ça ne ratera jamais.

TROTTAPATTES. Alors, les fausses nattes sont en grève?

L'AFRICAINE. Voulez-vous que je vous dise? (*Montrant la Seine.*) Tout ça, c'est la faute à madame.

LA SEINE. A moi?

LE VERT GALANT. Elle a raison; s'il y avait de l'eau à boire...

SCÈNE VII

LES MÊMES, LA DHUYS.

LA DHUYS. Consolez-vous! j'en apporte; il y en aura pour tout le monde.

AIR :
D'un pays lointain,
Limpide rivière,
J'arrive et suis fière
De mon long chemin.
Pour venir ici,
J'ai coulé sous terre;
Mais rien ne m'altère;
Fraîche et salutaire,
Enfin me voici!
Glou, glou, glou, glou!

SAUVAGEON. Une rivière qui nous tombe du ciel!

LA DHUYS. Pas précisément. On m'a un peu aidée à venir; on m'a fait un chemin qui est un prodige, et on m'a reçue dans un palais qui est une merveille.

TROTTAPATTES. Et vous allez comme ça?

LA DHUYS. Je suis arrivée.

LA GRÈVE. Et vous venez?

LA DHUYS. Je m'appelle la Dhuys, et je viens de la Champagne.

TROTTAPATTES. Comme tout change! Ordinairement ce n'était pas de l'eau qui venait de là.

LA DHUYS. Aussi, c'est tout juste si je ne suis pas du vin.

SAUVAGEON. Tant mieux!

LA DHUYS. On m'offre aux Parisiens pour leurs étrennes de cette année, et c'est la gaieté qu'on leur donne, avec mon onde guillerette. Voulez-vous en tâter? Qu'on apporte les coupes!

TROTTAPATTES.

AIR: *Versez à Don Quichotte.* (*Liberté des Théâtres.*)
Essayons à la ronde
La vertu de cette onde!

LA DHUYS.
Buvez le flot fécond;
La gaîté rit au fond.
Songez que je suis née,
Eau par le ciel donnée,
Sur le coteau bénit
Où le raisin fleurit. (*bis.*)
Que nos coupes sans cesse,
Si ce n'est pas l'ivresse
Du cognac et du rack...

TOUS.
Rack!

LA DHUYS.
Fassent pourtant tic, tac!

TOUS.
Tac!

LA GRÈVE.
Versez encor, fêtez
L'onde aux flots enchantés.

LE VERT GALANT.
Que, redoublant leur choc...

TOUS.
Choc!

SAUVAGEON.
Nos verr's fassent tic, toc!

TOUS.
Toc!

LA DHUYS.
De la coupe remplie,
Où le chagrin s'oublie,
Buvons le flot fécond;
La gaîté rit au fond.

REPRISE EN CHŒUR. — *Changement.*

TROISIÈME TABLEAU

Le Grand Théâtre-Parisien. — Vue prise de l'entrée de la salle, qui s'allonge en perspective; au fond, bien loin, la scène.

SCÈNE PREMIÈRE

LE GRAND THÉÂTRE, *seul, regardant par la porte latérale.*

C'est drôle; j'ai beau m'écarquiller les yeux,... je n'en vois pas venir un seul. J'ai eu tort de faire ma salle si grande. La moitié de ça m'aurait suffi... et même le quart... et même... puisqu'il ne vient personne.—Le rideau est pourtant levé et ils ne commencent pas, là-bas, faute de spectateurs. Ce n'est pas une raison... Il est l'heure, et je me suis fait une loi d'être exact. (*Prenant un porte-voix.*) Oh! du théâtre, oh!

UNE VOIX LOINTAINE. Oh!

LE GRAND THÉÂTRE. Commencez donc!

LA VOIX. Bon! (*On entend le cornet du chemin de fer.*)

LE GRAND THÉÂTRE. Ah! un train qui arrive; ça va peut-être nous amener quelqu'un.

SCÈNE II

LE GRAND THÉÂTRE, SAUVAGEON, TROTTAPATTES.

SAUVAGEON. Pardon! Est-ce ici le Grand Théâtre Parisien?

LE GRAND THÉÂTRE, *à part.* Du monde! (*Haut.*) Entrez donc, messieurs; vous y êtes. (*A part.*) Des étrangers, sans doute.

TROTTAPATTES. Vous étiez seul. Nous vous dérangeons peut-être?

LE GRAND THÉÂTRE. Au contraire. Quelles places désirez-vous? Des dernières? des premières? ou des grands confortables?

SAUVAGEON. Comment appelez-vous cette dernière chose?

LE GRAND THÉÂTRE. Des grands confortables.

AIR *d'Aristippe.*
Mon théâtre est une scèn' populaire;
Le peuple ici doit être contenté,
Le fauteuil aurait pu déplaire,
Dans un endroit où règn' l'égalité.

TROTTAPATTES.
Mais comme il faut pourtant, c'est équitable,
Aux mieux payants faire un meilleur accueil,
Vous avez le grand confortable...

LE GRAND THÉÂTRE.
Exprès pour n'avoir pas l' fauteuil.
Oui, je lui dois l'absence du fauteuil.

TROTTAPATTES. Et l'on joue ici?

LE GRAND THÉÂTRE. Le drame populaire, et aussi l'opéra.

TROTTAPATTES. Populaire.

LE GRAND THÉÂTRE. Naturellement. Le prix des places le dit assez.

AIR de *Préville et Taconnet.*
Voici l' tarif : c'est dix francs aux premières;
Pour ses huit francs aux secondes l'on va;
Ça coût' six francs pour s'asseoir aux dernières..

SAUVAGEON.
Diable! mais c'est plus cher qu'à l'Opéra.

LE GRAND THÉÂTRE.
Songez qu'ici ce n'est pas l'Opéra.

SAUVAGEON.
Oui, je comprends. Le calcul est logique
Et bien trouvé; car l'écueil était là.
Vous vous êt's dit : Personne ne viendra,
S'il faut payer ici, pour ma musique,
Le même prix qu'on paye à l'Opéra.
Ça coût' plus cher pour entendr' votr' musique;...
Mais ça n' coût' pas le même prix qu'à l'Opéra.

TROTTAPATTES. Enfin! donnez-nous deux grands confortables.

SAUVAGEON. De drame... dans les prix doux.

LE GRAND THÉÂTRE. Très-bien! Tenez! vous allez suivre ce sentier,... le long du mur.

SAUVAGEON. Longtemps?

LE GRAND THÉÂTRE. Un quart d'heure.

SAUVAGEON. C'est que je suis las. S'il n'y a pas d'omnibus, j'aimerais autant rester ici.

LE GRAND THÉÂTRE. A votre aise.

TROTTAPATTES. Vous nous avertirez quand on lèvera le rideau.

LE GRAND THÉÂTRE. Mais il est levé...

TROTTAPATTES. Vraiment?

SAUVAGEON, *lorgnant*. Tiens, c'est vrai!

TROTTAPATTES, *prêtant l'oreille*. On joue donc une pantomime... populaire?

LE GRAND THÉATRE. Nullement. On joue la duchesse de Valbreuse, grand drame po...

SAUVAGEON. Je sais.

LE GRAND THÉATRE. Si vous n'entendez pas bien, voici la brochure; le cas est prévu. (*Lui donnant la brochure ouverte.*) Tenez! on en est là!... C'est le traître qui est en scène; on ne le voit pas d'ici, mais il y est. Il lit une lettre. (*Bruit de chemin de fer. Sauvageon et Trottapattes font un bond.*) C'est un train qui part; en voilà pour un petit quart d'heure de tranquillité.

SAUVAGEON, *lisant*. « Ce soir je m'élancerai vers toi, porté sur les ailes de mon noir coursier. (*Repliant la lettre.* Cette lettre est parfaite. Je l'aurais dictée moi-même, qu'elle ne serait pas meilleure pour l'usage auquel je la destine. Il la met dans sa poche et sort précipitamment. » (*Avec enthousiasme.*) Bravo! (*On entend au dehors un grand coup de sifflet.*)

TROTTAPATTES. Tiens, on siffle!

SAUVAGEON. Ce n'est pas moi.

LE GRAND THÉATRE. Non. C'est le chemin de fer de Vincennes qui passe ici dessus. Je le ferai supprimer.

TROTTAPATTES. Ouf! C'est un peu fatigant, cette manière d'entendre une pièce.

SAUVAGEON. Et voilà tout ce qu'a produit la liberté des théâtres?

LE GRAND THÉATRE. C'est déjà gentil!

SCÈNE III

LES MÊMES, LE NOUVEAU THÉATRE MILITAIRE, LES FANTAISIES-PARISIENNES, LES DÉLASSEMENTS-COMIQUES.

LE THÉATRE MILITAIRE. Eh bien! Et moi donc?

LES FANTAISIES-PARISIENNES. Et moi?

LES DÉLASSEMENTS. Et moi?

TOUS TROIS.
AIR: *Rien n'est sacré pour un sapeur.*
Nous sommes les nouveaux théâtres
Que l'on construit par ci par là.

TROTTAPATTES, SAUVAGEON, LE GRAND THÉATRE.
Ah!

LES FANTAISIES.
Je fais déjà sécher mes plâtres
Boul'vard des Ital ens...

TROTTAPATTES, SAUVAGEON, LE GRAND THÉATRE.
Ah! bah!

LE THÉATRE MILITAIRE.
Boul'vard des Amandiers... — Ah bah!

LES DÉLASSEMENTS.
Boul'vard des Amandiers...—Ah bah!

LES TROIS THÉATRES.
Si ça tarde qu'on nous finisse,
C'nest pas notre faut'; c'est la faute à...

TROTTAPATTES, SAUVAGEON, LE GRAND THÉATRE.
A?

LES TROIS THÉATRES.
A l'entrepreneur de bâtisse.
Rien n'est pressé pour ces gens-là.

TOUS.
A l'entrepreneur, etc.

LE GRAND THÉATRE. Alors, nous n'y sommes pas.

LE THÉATRE MILITAIRE. Bah! rien n'est si long qui ne s'achève!

LES FANTAISIES. Je suis déjà prêt, moi, et j'attends vos ordres pour justifier mon nom: Les Fantaisies-Parisiennes. Voulez-vous un vaudeville? voulez-vous une pantomime? voulez-vous du chant? voulez-vous de la danse? à votre fantaisie! faites-vous servir!

AIR *de Piccolino*.
J'ai, pour plaire à toute envie,
De fantasques directeurs,
Des pièces de fantaisie,
De fantastiques auteurs. (*bis.*)
Dans ma petit'boîte on pourra,
Grâce à ce joli mot là:
Fantaisie, fantaisie!
Dans ma petit' boîte on pourra,
Grâce à ce joli mot-là,
Faire tout ce qu'on voudra.

TROTTAPATTES. Ça peut aller loin.

Si, pendant la comédie,
A mon voisin indiscret
Il prenait la fantaisie
De fouiller dans mon gousset! (*bis*).

LES FANTAISIES. Ah! dame!
Dans ma p'tit' boîte on pourra,
Grâce à ce joli mot-là, etc.

SAUVAGEON.
En vous voyant si jolie,
S'il allait... J'suis si vaurien!
Me prendre la fantaisie...
Parbleu! vous m'en'endez bien! (*bis.*)

LES FANTAISIES. Ah! dame!
Dans ma p'tit' boîte on pourra,
Grâce à ce joli mot-là, etc.

REPRISE EN CHŒUR.

TROTTAPATTES. Il n'est toujours pas contrariant, ce théâtre-là. Pourvu que les autres soient aussi faciles à vivre...

LE THÉATRE MILITAIRE. Pas moi, sacrebleu! Il ne faut pas qu'on me marche sur le pied; je cogne!

SAUVAGEON. Un troupier! ne l'agaçons pas.

LE THÉATRE MILITAIRE. Le nouveau théâtre militaire. Il n'y en avait pas assez d'un.

AIR de J. M. Chautagne.
Un seul n'aurait pas suffi
A montrer toutes nos gloires,
Et j' veux à mon tour aussi
Remporter quelques victoires.
Et soyez contents! on va donc encor
Voir cette armée héroïque,
Fait' d'un général, un tambour major,
Huit tapins, et la musique.
Partons du pied gauche, et ne boudons pas, } *bis.*
Soldats de la France, emboitons le pas.

REPRISE EN CHŒUR.

SAUVAGEON. J'aime ça, moi, ces armées composées de quatre soldats et trente musiciens.

TROTTAPATTES. Bien que ça fasse plus de bruit que de besogne.

SAUVAGEON. Et nous ferez-vous voir ça bientôt?

LE THÉATRE MILITAIRE. Je le voudrais. Ce sont les couvreurs qui m'arrêtent.

TROTTAPATTES. Tiens! Je suis comme vous, moi... Je voudrais faire fortune à la Bourse, et je ne peux pas jouer faute de couverture.

SAUVAGEON, *montrant les Délassements*. Et ce petit-là, qui ne dit rien? Il a l'air d'une rosière.

LES DÉLASSEMENTS. Moi, je suis un ressuscité, monsieur; le théâtre des Délassements-Comiques. On me pleurait, mais me voici.

AIR:
Ouvriers, commerçants, artistes,
Peuvent chez moi venir se délasser.
Je les dérid'rai s'ils sont tristes...

TROTTAPATTES.
Et le beau sexe, il faudrait y penser. (*bis.*)
Si ces messieurs, charmés par vos programmes,
Chez vous trouvent des agréments,
On dit qu' ce sont encor les dames
Qui se délass'nt le plus aux Délass'ments.

SAUVAGEON, *au Grand Théâtre*. Ça va vous donner de l'émulation, hein? toutes ces concurrences-là?

LE GRAND THÉATRE. Bah! j'ai de quoi les combattre. Ils n'ont pas comme moi plusieurs cordes à leur violon.

TROTTAPATTES. Des cordes! Pourquoi faire?

LE GRAND THÉATRE. Tenez! en voici une!

SCÈNE IV

LES MÊMES, LA PARLOTTE.

SAUVAGEON. Cette dame?

LE GRAND THÉATRE. La Parlotte! C'est...

LA PARLOTTE. Je suis là. Je le dirai bien moi-même. C'est la muse de la Conférence, ou l'art de parler tout seul en société.

TROTTAPATTES. Élever la voix et s'en faire six mille livres de rentes.

LA PARLOTTE. Juste.

SAUVAGEON. Et les autres, qu'est-ce qu'ils font pendant ce temps-là?

LA PARLOTTE. Ce qu'ils veulent; généralement, ils dorment.

LE GRAND THÉATRE. Mais ils payent. J'ai eu recours à madame, et je donne ici des conférences pop...

TROTTAPATTES. Ulaires, bon!

SAUVAGEON. Et c'est madame qui parle?

LA PARLOTTE. C'est tout le monde. Le Français est né bavard... Et puis ça n'est pas difficile, allez! Il n'y a que le premier mot qui coûte.

AIR *de l'Ambassadrice*.
D'abord l'orateur, pâle et blême,
Cherche ses mots d'un air ému.
On voit qu'il se dit en lui-même:
Je suis fâché d'être venu.
Mais son embarras
Ne durera pas;
Petit à petit
Sa voix s'enhardit.
Il a tout cassé;
Le voilà lancé
Au trot, et du trot
Il passe au galop.
Sa voix à présent
Est une trompette;
C'est un instrument
Au bruit éclatant.
Comme un vrai moulin,
Si rien ne l'arrête,
Jusques à demain
Il ira son train.
Quand il a parlé comm' ça bien longtemps,
Il s'essouffle enfin... vous voilà contents.
Mais il reviendra,
Il reparlera,
Puisque c'est, oui-dà,
Pas plus ma-
Lin que ça.
Vraiment, c'est, oni-dà
Pas plus ma-
Lin qu' ça!

SAUVAGEON. Et de quoi parlent-ils, les orateurs?

LA PARLOTTE. De tout; mais généralement d'eux-mêmes. Vous comprenez qu'il n'y a pas de sujet plus intéressant.

TROTTAPATTES. Pour eux... c'est vrai.

LA PARLOTTE. Ainsi, je suis venue ici pour vous faire une conférence dont le prétexte est des plus saisissants; vous pouvez en juger par le titre.

SAUVAGEON. Ah! voyons?

LA PARLOTTE. Migraine et cuisine, ou de l'influence des casseroles sur le mal de tête... Eh bien! je vais profiter de ça pour vous lire mes mémoires.

TROTTAPATTES. Aïe! Oùs qu'est mon balai?

LA PARLOTTE. A moins que quelqu'un désire prendre la parole à ma place.

TOUS. Moi! moi!...

LA PARLOTTE. Un instant! Qu'est-ce que vous avez à dire? (A *Sauvageon*.) Voyons, vous?

SAUVAGEON. Dame! Rien du tout; mais ça ne fait rien.

SCÈNE V

LES MÊMES, MATHILDE. *Costume militaire*.

MATHILDE, *entrant*. Arrière et demi-tour, péquin! La parole est à la force armée.

SAUVAGEON. Un militaire, et sans moustaches... (*Mathilde croise la baïonnette.*) Je cède à cet argument.

MATHILDE. Et vous faites bien. D'ailleurs je suis affichée.

TROTTAPATTES. Je n'en doute pas.

MATHILDE. Sur des carrés de papier jaune. Madame Mathilde Dumont... Du luxe des femmes.

LA PARLOTTE. C'est vrai.

SAUVAGEON. Mais pourquoi cet attirail guerrier?

MATHILDE. Parce que le camp des bourgeoises est en insurrection, et que, si la parole ne suffit pas..., (*montrant son fusil.*) Voilà! On sait son histoire, et on se rappelle que la France a eu ses femmes militaires, à commencer par Jeanne Darc.

SAUVAGEON. Oh! si nous n'avons que les Jeanne Darc à craindre...

MATHILDE. Silence dans les rangs!

AIR: *Je reviens de la guerre* (Douze Innocentes).
Puisque l'on veut la guerre,
Sans crainte et sans détours,
Pour voler à la guerre,
Nous laissons les amours.

Sexe à l'âme légère,
Nous ne songions naguère
Qu'à changer, pour vous plaire,
De robe tous les jours.
Mais vous voulez la guerre?
Au diable les amours!
En avant les tambours!
Pour vider cette affaire,
La trompette guerrière
Vaut mieux que les discours.
Le sexe secondaire
Marchande nos atours;
Montrons du caractère!
Nous verrons s'il préfère
Les amours à la guerre,
Ou la guerre aux amours...
Facilement les femmes,
Se changent en soldats;
Car le ciel dans leurs âmes,
Dans leurs cœurs délicats,
Dans leurs corps pleins d'appas,
Mit l'instinct des combats.
Puisque l'on nous maltraite,
Mes sœurs, ne boudons pas!
Notre bannière est prête.
Rangeons-nous l'arme au bras,
Et relevons la tête.
Montrons-leur sans discours,
Qu'en campagne, à Cythère, } Bis.
En amour comme en guerre
Nous triomphons toujours.
Nous triomphons toujours. (4 fois.)
Nous triom... une... phons... une...
Tou... une... jours!... une!...
Deux, trois, quatre! une!
En joue! feu!

TROTTAPATTES. Eh bien! nous voilà gentils!

SAUVAGEON. Mais enfin, on ne fait pas la guerre sans motifs. Expliquez vos raisons.

MATHILDE. Volontiers! mais je ne puis le faire sans entrer dans quelques détails sur moi-même.

LA PARLOTTE. Ne vous gênez pas; c'est l'usage.

MATHILDE. Je suis une femme suppliciée.

TOUS. Grand Dieu!

MATHILDE. N'ayez pas peur! Si vous saviez ce que c'est, pourtant, que le supplice d'une femme!...

TROTTAPATTES. C'est une pièce du Théâtre-Français.

LA PARLOTTE. Silence!

MATHILDE. Mes malheurs commencèrent avec ma naissance.

SAUVAGEON. Aïe!

TROTTAPATTES. Ah! nous étions prévenus.

MATHILDE.
AIR :
Quand je naquis, j'avais deux pères,
Dont aucun ne voulait de moi;
Puis, voyant mes destins prospères,
Chacun voulut m'avoir pour soi.
Le fait n'est pas neuf dans l'histoire;
Mais, pour trancher la question,
Il eût fallu, dans une armoire,
Évoquer le roi Salomon.

TROTTAPATTES. Il vous eût fait couper en morceaux.

MATHILDE. J'étais déjà en pièce. L'un ou l'autre de mes pères, — tous deux peut-être, — m'avaient mariée à une espèce d'ours.

TOUS. Oh!

MATHILDE. N'en dites pas de mal : je l'aime! on ne saura jamais pourquoi. Il n'est pas beau, il n'a jamais été jeune, et il ne sera jamais spirituel. Ce sont ces hommes-là qui prennent le cœur des pauvres femmes. Mais voilà le hic! La vie est un voyage...

SAUVAGEON. Qu'on ne fait bien qu'à deux. Je connais la chanson.

MATHILDE. Ce n'était pas la peine de m'interrompre pour dire une bêtise.

Air : La vie est un voyage (Flûte enchantée).
La vie est un voyage,
Qu'on ne fait bien... qu'à trois!
Toujours le mariage,
A mis ça dans ses lois.
Pour porter pareil poids,
On n'est pas trop de trois.
Mon époux a mis dans sa banque
Un jeune homme de Salamanque;
C'est un luxe qu'il s'est payé
De se donner un associé,
Et même un très-bel associé.
Venant en aide à mon époux,
Son associé fait tout chez nous,
Et tout va bien chez nous.

Bien que cette morale remonte à la plus haute antiquité, mon mari s'est permis de la trouver mauvaise. Et pourtant je l'aime! que lui faut-il de plus?

SAUVAGEON. Au fait!

MATHILDE. Mais le monde est si injuste! Si on nous passait une pauvre petite fantaisie, ça irait trop bien. Il faut que notre existence soit un supplice... Et la victime? la femme!...et le bourreau? le mari?

TOUS. Bravo! bravo!

MATHILDE. Tout leur est permis, à ces messieurs; tout nous est défendu.

AIR :
Pauvre martyre,
Que la satire
En tes tourments vient encor déchirer,
Bois ton calice!
De ton supplice
Il faut porter le poids sans murmurer.
Vingt ans riaient en notre cœur allègre,
Quand, un jour, vient un homme en habit noir,
Qui dit : Combien à la fille?... ah! c'est maigre!
Mettez encor quelque chose... ou bonsoir!
Ce qu'il demande,
Ce qu'il marchande,
C'est notre vie à venir... Adjugé!
Tout étourdie,
A la mairie,
Vite on vous mène, et le fer est forgé.
Le lendemain on s'éveille rêveuse,
En se disant : Qui sait?... et vous voilà
Prête au bonheur et déjà presque heureuse,
Cherchant l'époux... mais l'époux n'est pas là.
Votre cœur saigne,
Car chez nous règne
Une rivale, et plus forte que vous.
Cette rivale,
Que rien n'égale,
O honte! c'est la pièce de cent sous.
Et monsieur court pour elle, affairé, libre.
Vous êtes seule et vous souffrez... chansons!
Que faire alors? mettons de l'équilibre
Dans le budget... Il gagne... dépensons!
Alors bataille!
On se chamaille.
Monsieur est là, pour défendre son gain.
Pas de parures!
Ou des brochures
Feront crier sur nos pas : Et du pain!
Mais au dehors nos dots mal dépensées
Iront solder quelque luxe outrageant,
Et nous seront peut-être éclaboussées
Par des chevaux payés... de notre argent.
Et l'âme aigrie
D'ennui, d'envie,
On comprend à ces chasseurs au gros sou
Que l'on applique
L'arithmétique
Qu'exprès pour eux prêcha monsieur Sardou.
Il a fait leur compte en bonne prose :
Qui n'est pas tout pour sa femme est bien peu;
Et l'on n'est rien quand on est peu de chose,
Et qui n'est rien sera... quoi?... tout, parbleu!
Et la satire,
Pauvre martyre,
En tes tourments viendra te déchirer!
Mais le calice
De ton supplice
Est trop rempli... ça ne peut pas durer.
Et maintenant j'ai dit;... qu'on se souvienne!

REPRISE EN CHŒUR. *Mathilde sort.*

SCÈNE VI
LES MÊMES, *moins* MATHILDE.

LA PARLOTTE. Eh bien! en voilà, une conférencière?

TROTTAPATTES. Ça m'a mis en veine. J'ai envie, pour faire contrepoids, de vous raconter le supplice d'un homme.

SAUVAGEON. C'est ça; après, ça sera mon tour.

LA PARLOTTE. Vous avez quelque chose à dire maintenant?

SAUVAGEON. Oui... je raconterai le supplice d'un Auvergnat.

LA PARLOTTE. Nous ne sommes pas ici pour nous amuser. A qui la parole?

SCÈNE VII
LES MÊMES, L'EXTINCTEUR.

L'EXTINCTEUR. A moi!

SAUVAGEON. Tiens! un marchand de coco.

TROTTAPATTES. Non; c'est un marchand de robinets.

L'EXTINCTEUR. Ni l'un ni l'autre.

Air : *Quand Diane* (*Orphée*).
Vous voyez ma petite fontaine,
Tontaine, tontaine, tontaine!...

LA PARLOTTE, *l'interrompant.* Ah! l'extincteur! Je connais.

SAUVAGEON. Pas moi.

L'EXTINCTEUR. Une admirable invention, et qui ne pouvait pas venir plus à propos.

TROTTAPATTES. C'est vrai que tout le monde a le feu... à ses trousses, à l'heure qu'il est.

L'EXTINCTEUR.
Air : *Pan, pan, est-ce ma brune?*
Au feu! au feu! ça brûle!
Et ce n'est pas un jeu.
Ce cri partout circule :
Au feu! au feu! au feu!
Il a le feu dans ses affaires,
Dit-on d'un financier prudent,
Qui n'y mettait pas de lumières
Pourtant, de crainte d'accident.
TOUS.
Au feu! etc.
LA PARLOTTE.
Ailleurs c'est une demoiselle
Qu'on tarde bien à marier.
Par moments je vois sa prunelle
Briller d'un éclat singulier...
Au feu, etc.
TROTTAPATTES.
Au palais un avocat plaide,
A propos d'une cage à s'rins;
Il a l'air de crier : à l'aide!
Ses bras vont comme des moulins...
Au feu! etc.
SAUVAGEON.
Un jour, en rentrant, j' vois ma bonne
Causant avec un cousin neuf,
Pendant que mon rôti s'en dorne
Devant un' flamme à cuire un bœuf...
Au feu! etc.

L'EXTINCTEUR. Eh bien! avec moi plus de danger! J'éteins tout, et avec une facilité!...

SAUVAGEON. Et les pompiers, qu'est-ce qu'on en fait?

L'EXTINCTEUR. Inutiles! supprimés! plus de pompiers!

SCÈNE VIII
LES MÊMES, JOSÉPHINE.

JOSÉPHINE. Je proteste! Je demande la parole. Plus de pompiers! C'est pour un fait personnel.

LA PARLOTTE. Allez!

JOSÉPHINE. Je passerai rapidement sur mes premières années...

SAUVAGEON. Elle aussi! Où est mon chapeau?

TROTTAPATTES. Oùs qu'est mon balai?

JOSÉPHINE. A dix-huit ans, j'entrai au service...

SAUVAGEON. Militaire?

JOSÉPHINE. Pas personnellement. J'entrai dans une famille où je remplissais les fonctions... les plus étendues.

TROTTAPATTES. Bonne à tout faire, alors?

JOSÉPHINE. Du mauvais sang surtout. Oh! les sonnettes. En voilà une invention que je porte dans mon cœur... La sonnette, messieurs!...

TROTTAPATTES. Alors, c'est le supplice d'une cuisinière, à présent.

JOSÉPHINE. Vous comprenez qu'à une pauvre fille aussi ennuyée, il faut des distractions, n'est-ce pas?

SAUVAGEON. Oh! oui.

JOSÉPHINE. Je n'ai rien à me reprocher, allez! J'en ai cherché partout... jusque dans la musique des fusiliers de Poméranie.

TROTTAPATTES. Il n'y a rien de tel que la mélodie pour adoucir les ennuis.

LA PARLOTTE. Et on ne pouvait pas mieux choisir. Elle a eu du succès, cette musique-là.

JOSÉPHINE. Peuh! Le public ne s'y connaît pas; pas de vigueur, pas d'énergie. Aussi ça n'a pas été long avec ce Prussien-là.

Aɪʀ : *T'en auras pas l'étrenne.*
Il me disait dans son patois ;
« J'ai d' l'amour : pir fus che subire.
« J' vudrais... » Mais il restait pantois,
N' trouvant pas ce qu'il voulait dire...
« Eh! quoi! fotre gœur me repusse? »
Disait-il, quand j' m'impatientais
D' voir qu'il n'en finissait jamais...
« Ein mot de fotre foix si duce! »
    Le v'là ! Je n' veux
    Pas d'un amoureux
Qui flûte pour le roi d' Prusse.
    Et flûte, mon vieux,
    Pour un amoureux
Qui flûte pour le roi d' Prusse!

TROTTAPATTES. A la bonne heure! Il faut du patriotisme.

JOSÉPHINE. Il n'y a que ça. Et j'arrive par-là au sujet qui m'amène.

SAUVAGEON. Il n'est que temps.

JOSÉPHINE. Si vous êtes pressé, courez devant. Ce n'est pas à vous que j'ai affaire.

LA PARLOTTE. Et à qui donc?

JOSÉPHINE. A celui qui parle de supprimer les pompiers. Supprimer les pompiers!... mais c'est ravir au beau sexe tous ses cousins, et la plupart de ses connaissances.

L'EXTINCTEUR. Faute d'un corps, l'armée française ne chômera pas.

JOSÉPHINE. Pas plus qu'un bouquet, quand on a ôté les plus belles fleurs.

SAUVAGEON. Ah! mademoiselle s'y connaît?

JOSÉPHINE. Un peu, mon vieux. J'ai été beaucoup recherchée par les uniformes... pour le meilleur motif... et j'ai pu comparer.

Aɪʀ : *C'est un Tambour.*
A qui désir' l'amour d'un brave,
C' qu'il faut, c' n'est pas un voltigeur.
C' n'est pas non plus l' turban d'un zouave ;
L' chasseur a pied est trop coureur;
L'artilleur est trop tapageur.
C' n'est pas la gaillarde moustache
Du dragon ou du cuirassier.
C' n'est pas l' sapeur avec sa hache !
En fait d'amour (*bis*) ce qu'il faut s' payer, } *Bis.*
    C'est un pompier!

A s'en passer si l'on s'obstine,
Au moins, comme objet d'agrément,
Laissez-lui les feux de cuisine ;
Car nul comme lui ne s'entend
A les éteindre gentiment.
Mesdames, prenez ma défense!
Ça r'garde le beau sex' tout entier.
Car, je vous l' dis en confidence :
En fait d'amour (*bis*), c' qu'il faut s' payer, } *Bis.*
    C'est un pompier!

L'EXTINCTEUR. Eh bien! et moi! qu'est-ce que je deviendrai?

JOSÉPHINE. Vous! je vous mettrai dans mon armoire, comme objet d'art... entre un pot à beurre et un bocal de cornichons.

SAUVAGEON. Vous avez une armoire?

LA PARLOTTE. Qui est-ce qui n'en a pas? c'est la grande mode.

SAUVAGEON. J'en ai une.

LES FANTAISIES. J'en aurai une.

LE THÉÂTRE MILITAIRE. Et moi deux.

TROTTAPATTES. Aimez-vous les armoires? on en fourre partout.

SAUVAGEON. Alors il faut voir ça.

TROTTAPATTES. C'est facile, il n'y a qu'à choisir.

SAUVAGEON. Allons-y!

Aɪʀ *des Femmes sérieuses.*
J'ai toujours aimé les prodiges.
Devant ces curieux prestiges,
Je r·ste planté sur mes tiges,
La bouche ouverte et l'œil tout grand.
    JOSÉPHINE.
Jadis, derrière les serrures,
On mettait des livr's, des brochures,
Du ling', du vin, des confitures.
Mais aujourd'hui c'est différent... :
    Dans l'armoire,
    Quel grimoire !
    On met des esprits,
    Rangés et soumis.
    Dans l'armoire,
    Quelle histoire!
    On pend les esprits
    Comme des habits.

REPRISE ENSEMBLE. — *Rideau.*

QUATRIÈME TABLEAU
Dans la salle.

MADAME BASSINET, *entrant dans une loge de côté, à l'ouvreuse.* C'est bon! si c'est loué, on n'y touchera pas, à votre place. Tenez! prenez mon châle, prenez mon chapeau. Ah! donnez-moi l'*Entracte.* Ah! y a-t-il un petit banc? Oh! soyez tranquille, je vous donnerai quatre sous à la fin, si je me suis amusée. La !—Tiens! il y a du beau monde. Si j'avais su, j'aurais mis mes bouches d'oreille en bouchons de carafe. Enfin! on m'excusera. Qu'il vous suffise de savoir que j'en ai les moyens, étant madame Coralie Bassinet, verdurière au marché Saint-Germain, pour vous servir, en tant que vous auriez besoin d'herbes pour votre dîner.

SAUVAGEON, *entrant, à l'ouvreuse.* Bon! je vois où c'est. (*A madame Bassinet.*) Excusez, madame; il faut que je m'infiltre là.

MADAME BASSINET. Pourquoi faire? je n'ai pas trop de place. D'abord, on ne dérange pas le public, quand la toile est levée.

SAUVAGEON. Oui, mais quand elle ne l'est pas... Ah! j'y suis.

MADAME BASSINET. C'est ennuyeux, ça; j'étais à mon aise, et à présent...

SAUVAGEON. Désolé! mais les spectateurs sont égaux devant les banquettes.

TROTTAPATTES, *de l'autre côté.* Pourvu que les banquettes soient égales derrière les spectateurs...

SAUVAGEON. Tiens! te voilà là-bas, toi!

TROTTAPATTES. A qui la faute? Figurez-vous que cet homme que vous voyez là...

SAUVAGEON. C'est moi.

TROTTAPATTES. Nous sommes allés chercher des billets à l'Office des Théâtres, boulevard des Italiens. On lui a demandé où il voulait être placé. Savez-vous ce qu'il a répondu?

MADAME BASSINET. Une bêtise, bien sûr!

TROTTAPATTES. Juste. Il a répondu : Je voudrais être à côté de mon ami. Vous le mettez dans la loge deux; mettez-moi dans la loge trois. Et voilà !

MADAME BASSINET, *à Sauvageon.* Aïe! quand vous aurez fini de farfouiller comme ça, vous!

SAUVAGEON. Faites excuse; c'est que je retire mon pantalon.

MADAME BASSINET. Oh! l'horreur!

TROTTAPATTES. Sauvageon!

SAUVAGEON. Non!... je retire mon pantalon que j'avais mis dans mes bottes, pour aller dans la rue. C'est la mode.

TROTTAPATTES. Coquet, va!

SAUVAGEON. J'avais besoin de cette formalité pour présenter mes hommages à l'assemblée. Monsieur le chef d'orchestre, auriez-vous l'obligeance de me prêter votre concours, s'il vous plaît?

Air du *Petit Ébéniste.*
Que j'aime à voir autour de cette salle,
    Ces beaux messieurs, ces belles dames,
    Qui tous ont dû payer leur place,
    Que c'est comme un' botte de radis.
(*Parlé.*) En chœur!
    Que c'est comme un' botte de radis !

Monsieur le chef d'orchestre, agréez mes remercîments. J'avais besoin de ça.

TROTTAPATTES. Oùs qu'est mon balai? Tu as eu bien raison de venir ici pour voir des esprits.. Tu n'en aurais jamais vu dans ton miroir.

MADAME BASSINET. Ah! monsieur croit à ces choses-là?

SAUVAGEON. Moi, madame? j'ai là-dessus des opinions!... Je vous dirai ça, après que j'aurai vu.

MADAME BASSINET, *à Trottapattes.* Et vous, là-bas?

TROTTAPATTES. Oh! moi, je vais vous dire... je croirai difficilement que l'esprit de Charlemagne se dérange exprès pour faire gagner trente sous à des saltimbanques.

MADAME BASSINET. Alors vous êtes un... il y a un mot pour ça.

SAUVAGEON. Bah! dites-le... un incrédule!

MADAME BASSINET. Un propre à rien! voilà le mot. Vous ne croyez peut-être pas non plus aux tables tournantes?

TROTTAPATTES. Pas beaucoup.

SAUVAGEON. Oh! ça, par exemple... voilà à quoi je croirais bien... si j'en avais vu.

MADAME BASSINET. Eh bien! moi, monsieur, j'en ai vu un exemple frappant.

TROTTAPATTES. Vous avez vu tourner quelque chose?

MADAME BASSINET. Comme je vous vois... et sans que j'y touche encore.

SAUVAGEON. Et quoi donc?

MADAME BASSINET. Une crème au chocolat. Depuis ce temps-là, je crois à tout. (*Musique à l'orchestre.*)

SAUVAGEON. Silence ! On va commencer. (*Après une ouverture, le rideau se lève. Un cabinet de prestidigitateur. Au fond, une commode. La scène est vide.*)

SCÈNE PREMIÈRE

SAUVAGEON. Qu'est-ce que c'est que cet endroit-là?

TROTTAPATTES. C'est le cabinet du célèbre professeur Alenverman.

SAUVAGEON. Professeur de quoi?

TROTTAPATTES. C'est son secret. (*Alenverman entre en scène. Il est en magicien.*)

SAUVAGEON. Est-ce que c'est ça, les esprits?

TROTTAPATTES. Pas encore; c'est le professeur.

MADAME BASSINET. Taisez-vous donc. Ça m'empêche de voir.

ALENVERMAN, *saluant.* Mesdames et messieurs, une bonne nouvelle pour commencer. Je vous fais grâce de ma séance habituelle. On ne vous empruntera pas vos chapeaux, et on ne distribuera pas de rafraîchissements.

MADAME BASSINET. Tant pis!

TROTTAPATTES, *applaudissant.* Bravo !

SAUVAGEON. A bas la claque ! J'aurais bien pris quelque chose.

ALENVERMAN. Mais vous en serez plus que dédommagés par la lutte intéressante à laquelle vous allez assister.

MADAME BASSINET. Des lutteurs? en costume? J'aime ça, moi.

ALENVERMAN. Désolé, madame; mais il s'agit d'autre chose.

MADAME BASSINET. Alors je suis fâchée d'avoir dit ça. Allez.

ALENVERMAN. Il s'agit d'un monsieur qui s'est fourré dans le toupet de mettre le public dedans.

SAUVAGEON. Dans son toupet?

TROTTAPATTES. Tu vas te faire mettre à la porte, toi. (*A Alenverman.*) Ne faites pas attention, c'est un idiot.

ALENVERMAN. Ce monsieur prétend accomplir des miracles, avec l'intervention de puissances supérieures. Moi, pour attirer le monde, j'ai affiché que j'opérerais les mêmes prodiges par les moyens les plus naturels. Il a ramassé le gant que je lui ai jeté...

MADAME BASSINET. Il a bien fait... c'est un homme d'ordre.

ALENVERMAN. Le voici; vous jugerez entre nous.

SCÈNE II
ALENVERMAN, BERNARDIN, *en charlatan.*

BERNARDIN. Mesdames et messieurs, vous avez sans doute entendu parler des frères Vestenport. J'ai l'honneur d'être le cornac de ces intéressants jeunes gens. Avant de travailler devant vous, je crois de mon devoir de vous déclarer que ni eux ni moi, ne sommes guidés par l'appât d'un vain lucre. Vous avez pris votre billet au bureau... On ne vous demandera rien de plus.

SAUVAGEON. C'est bien heureux.

BERNARDIN. Cependant, si vous croyez devoir témoigner votre satisfaction en nous jetant des billets de banque, les esprits vous le pardonneront.

ALENVERMAN. Laissez-nous donc tranquilles avec vos esprits, blagueur. (*Ils se saluent.*)

BERNARDIN. Nous verrons si vous rirez toujours, éventeur de mèches. (*Même jeu.*) Pour commencer, je vais prier qcelqu'un de la société, .. n'importe qui!... (*Indiquant Sauvageon.*) Pourvu que ce soit monsieur... de désigner un personnage illustre, dont je lui procurerai l'apparition... à lui, ou à son ordre.

SAUVAGEON. Monsieur... Certainement... attendez donc! Le personnage dont j'ai entendu le plus parler, c'est un nommé... Gladiateur.

BERNARDIN. Va pour Gladiateur. Mirlababi, surlababo! Parais!

SCÈNE III
LES MÊMES, UN COUREUR.

LE COUREUR, *apparaissant.* Présent!

ALENVERMAN. Ça? Mais il n'a que deux pattes.

BERNARDIN. C'est l'esprit du célèbre coursier, sous une des formes qu'i! a occupées précédemment. Si vous en doutez, demandez-le-lui.

ALENVERMAN. Parle!

LE COUREUR.
Air : *Vive la Pêche* (*Fille de l'Air*).
Quand je galope,
Une antilope
Près de moi n'est qu'un limaçon;
J'enfonce le vent quand je galope
Plus vite qu'un boulet d' canon.
Hop! hop! hop! hop! à moi l' pompon!
Jadis coureur infatigable,
Je portais, — c'était mon emploi, —
Les billets doux d'un' femme aimable,
Que ça fatiguait plus que moi.
Quand je galope, etc.
Maint'nant, coursier des plus ingambes,
Vainqueur de tous mes concurrents,
On me voit toujours sur mes jambes ;
On n' me voit jamais sur les dents.
Quand je galope, etc.

ALENVERMAN. Est-ce vrai que vous avez gagné à votre maître plus d'un million?

LE COUREUR. Oui. Malheureusement, ça touche à sa fin. Personne ne veut plus courir avec moi.

SAUVAGEON. Pauvre bête!

ALENVERMAN. Et qu'allez-vous devenir?

LE COUREUR. Un prolétaire, tout bonnement. Il faut bien faire souche.

ALENVERMAN. C'est un cheval philosophe.

BERNARDIN. Eh bien! faites-en voir autant, débineur de trucs. (*Ils se saluent.*)

ALENVERMAN. Volontiers, monteur de coups. (*Même jeu.*) Si quelqu'un dans l'assemblée, veut avoir la bonté de me désigner un quadrupède quelconque, pourvu que ce soit...

TROTTAPATTES. Rigolo!

ALENVERMAN. Juste!

TROTTAPATTES. J'ai un compte à régler avec cet animal-là. Il m'a flanqué par terre, et il m'a procuré une râclée de la part des écuyers du Cirque.

ALENVERMAN. Je vais vous le montrer. Je n'ai pas besoin d'évocation, moi. Il me suffira d'appuyer la main sur ce simple bouton, et... (*Il touche le décor.*)

SAUVAGEON. Je suis curieux de voir sous quelle forme ça peut se produire, un mulet indomptable.

SCÈNE IV
LES MÊMES, UNE ESPAGNOLE.

L'ESPAGNOLE. Rigolo! voilà!

MADAME BASSINET. Une femme! C'est une impertinence. Je demanderai justice aux tribunaux.

SAUVAGEON. Laissez-la donc s'expliquer.

L'ESPAGNOLE. Si vous voulez voir quelque chose de têtu, regardez-moi. Il n'y a rien de mieux, de Tolède au Trocadéro.

BERNARDIN. Comment l'avez-vous prouvé, cet entêtement?

L'ESPAGNOLE. Un seul exemple vous suffira. Mon mari... j'étais mariée.

BERNARDIN. Ah! Rigolo ne l'est pas, lni.

L'ESPAGNOLE. Mon mari n'aimait pas à s'entendre dire certaines choses sur son ménage... enfin... Vous savez! il n'y a que la vérité qui offense. Un jour que je lui disais... ce qu'il

n'aimait pas, il me menaça; je continuai. Il m'attrapa et me plongea dans notre puits. J'allais toujours. J'en avais jusques-là,,... jusques-là... jusques-là .. j'allais toujours.

ALENVERMAN. A la bonne heure.

L'ESPAGNOLE.
Air du *Bal du Sauvage.*
« Tu ne veux pas te taire? »
J'allais toujours. « Oui dà! »
Fit-il plein de colère...
J'en avais jusque-là.
(*Elle lève les bras au-dessus de sa tête*).
« Tu te tairas, pécore! »
Ah! dam! une fois là...
Je lui faisais encore
Comm' ça, comm' ça, comm' ça.
(*Elle fait les cornes en levant la main aussi haut que possible*).

BERNARDIN. Ce n'est pas mal... Et maintenant?

L'ESPAGNOLE. Maintenant, l'indomptable Rigolo... Cent francs à qui lui imposera sa volonté, le temps seulement de faire le tour du Cirque.

BERNARDIN. Et les a-t-on gagnés?

L'ESPAGNOLE. Une seule fois.

ALENVERMAN. Et encore on ne les a pas payés; c'est comme si on ne les avait pas gagnés. Maintenant, disparaissez!

SAUVAGEON. Un instant! je voudrais toucher.

ALENVERMAN. Ah! Eh bien! c'est permis. Allongez le bras.

SAUVAGEON, *essayant.* C'est trop court.

ALENVERMAN. Alors laissez-nous tranquilles.

ENSEMBLE.
Air : *Quand on est Basque.*
Eh hop! eh hop!
Coursier sans émules,
Eh hop! eh hop!
Mulet sans rivaux,
Eh hop! eh hop!
Des ch'vaux et des mules...
Eh! hop! eh! hop!
Nous sommes } les héros.
Vous êtes }
Le Coureur et l'Espagnole sortent).

SCÈNE V
ALENVERMAN, BERNARDIN.

SAUVAGEON. J'aurais voulu toucher, pour m'assurer.

TROTTAPATTES. De quoi?

SAUVAGEON. Dam! pour m'assurer, là!

ALENVERMAN. A présent, nous allons passer à la fameuse expérience de l'armoire.

BERNARDIN. Soit! mais pour ça, il faut une armoire, et je n'en vois pas.

ALENVERMAN. Ça ne fait rien. Quelqu'un, parmi les personnes ici présentes, aura bien sur soi une armoire... de six pieds sur sept.

TROTTAPATTES. Je n'ai pas ça.

MADAME BASSINET. J'en ai une chez moi.

SAUVAGEON, *se fouillant.* Ah! attendez! non; c'est ma tabatière.

ALENVERMAN. Il n'importe. Mon honorable confrère, tout filou qu'il est, (*ils se saluent,*) voudra bien se contenter de ce que je puis lui offrir. J'ai là une commode, qui n'est nullement préparée.

BERNARDIN. Ça m'est égal ; pourvu que mes mediurrs puissent entrer dedans... les esprits trouveront toujours bien à se placer.

ALENVERMAN. Où sont-ils, vos médiums?

BERNARDIN. Ils sont là. (*Allant à la porte.*) Come in, gentlemen. (*Musique.*)

SAUVAGEON. Qu'est-ce qu'il a dit?

MADAME BASSINET. Je ne sais pas ; mais ça doit être beau. Voulez-vous qu'il parle à des esprits comme il vous parlerait à vous?

TROTTAPATTES. Tu ne le voudrais pas.

SCÈNE VI
LES MÊMES, LES FRÈRES VESTENPORT.

MADAME BASSINET. Oh! les beaux jeune hommes!

BERNARDIN. Ces messieurs sont les célèbres frères Vestenport, qui ont obtenu tant de succès à la salle Herz. Si quelqu'un veut leur adresser des observations, ou en a le droit; seulement vous êtes prévenus qu'ils ne comprennent pas le français.... ni aucune autre langue.

ALENVERMAN. Nous allons voir. Est-ce vrai, ce que dit votre cornac?

PREMIER FRÈRE. T'is very true.

ALENVERMAN. Il dit que c'est très-vrai.

TROTTAPATTES. C'est concluant.

BERNARDIN. Alors, en route! je fournis le médium.

ALENVERMAN. Et moi la corde. La voici. (*il la montre.*) Nullement préparée, comme vous voyez. (*Il attache le deuxième frère.*)

MADAME BASSINET. Une corde! Est-ce qu'on va le pendre?

TROTTAPATTES. Non, l'attacher seulement... pour cette fois-ci.

ALENVERMAN. Bien entendu que le public peut procéder lui-même à cette opération.

SAUVAGEON. Moi!

BERNARDIN. A votre aise ; seulement il faut un certificat des autorités, constatant que vous n'êtes pas un compère.

SAUVAGEON. Ah! je ne savais pas.

ALENVERMAN. Alors, allez en chercher un. (*Il achève de serrer la corde.*)

MADAME BASSINET. Ne lui faites pas de mal.

TROTTAPATTES. Bon! le voilà ficelé comme un saucisson.

SAUVAGEON. A l'ail!

MADAME BASSINET. Pourquoi à l'ail?

SAUVAGEON. Parce que c'est mon goût.

ALENVERMAN. Là! vous voyez qu'il est impossible d'être plus étroitement garotté. Tirez les premiers, messieurs les spirites.

TROTTAPATTES. Cette politesse me plaît. (*On met le deuxième frère dans un tiroir de la commode, et on apporte un tambour de basque.*)

SAUVAGEON. Il va faire de la musique? (*Au moment où on met le tambour de basque dans le tiroir, il s'en échappe, violemment repoussé.*) Tiens! il ne veut pas. (*On remet le tambour de basque et on ferme le tiroir, dans lequel on entend aussitôt un charivari.*)

BERNARDIN. Voilà! avec esprits.

MADAME BASSINET. Il y en a.

SAUVAGEON. Il y en a, je le déclare.

TROTTAPATTES. Mais non! je connais le truc; ce monsieur avait dans sa poche un flacon de benzine... c'est souverain pour détacher.

ALENVERMAN. A mon tour! (*Même jeu; au moment où on ferme le tiroir, on entend le bruit d'un soufflet.*)

SAUVAGEON, *portant la main à sa joue.* Saperlotte! j'ai reçu une gifle.

ALENVERMAN, *montrant le tiroir.* De là.

SAUVAGEON. Je me serais contenté de la musique. (*On entend jouer du cornet à piston dans le tiroir.*)

TROTTAPATTES. Tiens! un air de piston.

SAUVAGEON. Exécuté sur le tambour de basque. C'est fort, ça.

BERNARDIN, *rouvrant le tiroir, qui est vide.* Eh bien! où est-il passé, mon médium, escamoteur?

ALENVERMAN. Il n'est pas perdu. Je l'ai envoyé au Châtelet voir les Trois Hommes forts.

LE PREMIER FRÈRE. Ah! le malheureux! Pourvu que je le retrouve vivant! Mon frère! mon frère! (*Il sort.*)

SAUVAGEON. Tiens, il a appris le français dans son coin.

SCÈNE VII
ALENVERMAN, BERNARDIN.

ALENVERMAN, *saluant.* Sans esprits!

TROTTAPATTES. Il n'y a pas.

SAUVAGEON. Jamais!

MADAME BASSINET, *à Trottapattes.* Vous allez finir de cabaler, vous là-bas, ou je vous jette mon petit banc à la tête. (*Elle se baisse.*)

SAUVAGEON. Prenez donc garde! c'est ma jambe.

BERNARDIN. Merci, madame. Si tout le monde était aussi b... on que vous, ça irait bien. Mais ne craignez rien. On nie les esprits. Je vais les faire voir. Ah!

ALENVERMAN. Allez! je suis bon là.

BERNARDIN.

Air de l'Enflammé.

Il est à remarquer qu' l'on croit
Général'ment ce que l'on voit.

ALENVERMAN.

Je n' suis pas assez entêté
Pour nier pareill' vérité.

BERNARDIN, *se rapprochant.*

Pourtant tout l' monde nous voit,
Et personne ici ne nous croit.

ALENVERMAN, *de même.*

Et tout en l' croyant, j'en reponds,
Nul ne voit qu' nous nous entendens.

BERNARDIN, *s'éloignant.*

Au nom de la pièce cent sous,
Venez, accourez tous,
Paraissez, montrez-vous,
O lutins de l'armoire!

ALENVERMAN.

Au nom de la pièce cent sous,
Venez, accourez tous,
Paraissez, montrez-vous,
A moi, démons
Des doubles fonds!

BERNARDIN.

Sur la bi la bo la bi!
Mirliton ribon, mirliton ribette!

ALENVERMAN.

Mir la bo la bi la bo!
Mirliton ribon, mirliton ribon!

REPRISE ENSEMBLE.

Changement.

CINQUIÈME TABLEAU

Un décor fantastique. — Une gueule diabolique vomit les Esprits de l'Armoire, les Lutins du Double Fond. (Américains et Français.)
BALLET.

ACTE TROISIÈME
Un décor antique.

SCÈNE PREMIÈRE
TROTTAPATTES, SAUVAGEON.

TROTTAPATTES, *entrant le premier.* Arrive donc!

SAUVAGEON, *en dehors.* Je n'ose pas.

TROTTAPATTES. Es-tu bête! viens donc; il n'y a personne.

SAUVAGEON, *entrant.* Alors je me risque... C'est que ça me fait un drôle d'effet, sais-tu?

TROTTAPATTES. Quoi, ça?

SAUVAGEON. L'idée que je suis dans la maison du grand Molière, du tendre Racine et du sublime Corneille... J'ai envie de mettre des gants.

TROTTAPATTES. On ne t'en demande pas tant. Dis plutôt ce que tu désires voir : comédie ou tragédie?

SAUVAGEON, *réfléchissant.* Attends! Il me semble que j'ai un peu de mélancolie, là, dans le coin, et qu'une gaieté décente me ferait du bien.

TROTTAPATTES. Va donc pour la comédie.

SCÈNE II
LES MÊMES, QUATRE MASQUES.

LES MASQUES. Ohé! les bûcheuses! ohé!

PREMIER MASQUE. Ohé là-bas! ohé les panés! qui est-ce qui paye à boire?

DEUXIÈME MASQUE. Ma main et ma fortune pour un verre de punch!

TROISIÈME MASQUE. Il n'y a donc pas un cœur naïf ici, qu'on puisse s'en faire un abreuvoir?

SAUVAGEON. Qu'est-ce que c'est que ça? mon Dieu!

TROTTAPATTES. Ah! voilà un personnage raisonnable.

SCÈNE III
LES MÊMES, UN MONSIEUR *en habit noir*

QUATRIÈME MASQUE. Un péquin! v'là mon affaire. (Il lui prend le bras.) Promène-moi, hein?

LE MONSIEUR. Merci! on me l'a déjà faite. Du côté du buffet, n'est-ce pas? Madame touche une remise sur la consommation?

QUATRIÈME MASQUE. En v'là, un daim de deux liards. Tu traînes donc les pans de ton habit dans le ruisseau, vilain beau?

LE MONSIEUR. Faut croire, puisque je te ramasse en passant.

TOUS LES MASQUES, A bas le péquin!

LE MONSIEUR. Oh! on veut jaser! tant pis pour vous, ça mord. Dis donc, madame... là-bas, toi qui a des yeux bordés de noir comme une lettre de faire part, y a-t-il longtemps que tu as savré ton septième? Et l'autre, qui a l'air d'être en sucre candi! Passez-m'en un morceau que j'y goûte. Eh bien? c'est fini de jaboter!

TOUS LES MASQUES. A bas le péquin!

LE MONSIEUR. Vous n'aurez qu'un sou. Où est celle qui veut mon cœur en papillotte, avec des truffes autour?

TOUS LES MASQUES, *l'entourant.* Oh!

LE MONSIEUR. Là, toutes à la fois. Vous faites bien, il n'est que temps. Je me marie demain. C'est le dessert de ma vie de garçon. Il y aura du champagne.

SAUVAGEON. Oh! là là!

TROTTAPATTES. Oùs qu'est mon balai?

LE MONSIEUR. Tiens! Des échappés de chez Guignol. A votre ouvrage, éleveurs de lapins en chambre.

SAUVAGEON, *à Trottapattes.* Tu te seras trompé; tu m'auras mené à l'Opéra.

SCÈNE IV
LES MÊMES, LA MUSE DU CARNAVAL MODERNE.

LA MUSE.

Non pas! bien que cela puisse étonner peut-être,
Vous êtes dans le lieu même où vous croyez être,
Quant à moi, si l'on veut connaître mon emploi,
Le carnaval moderne a sa Muse, et c'est moi.

SAUVAGEON. Bou! qu'est-ce que vous voulez?

LA MUSE.

Je tiens, pour expliquer ici ce qu'on va dire,
La baguette à montrer les figures de cire.
Sachez-le donc d'abord : ce bruyant bacchanal,
C'est le commencement d'Henriette Maréchal.

TROTTAPATTES. Une comédie qui a fait du bruit longtemps avant sa naissance.

SAUVAGEON. Et qui en a fait faire après.

LA MUSE.

Chut! ne protestez pas de façon incivile
Quand je défends en vers une prose... si vile!

TROTTAPATTES. Il y aura de l'ouvrage.

LA MUSE.

AIR :

Ne peut-on pas, sans crier au scandale,
Entendre un peu ce langage hardi,
Qui donne envie au public dans sa stalle
De répondre : Eh! Chicard, as-tu fini?
Si c'est frapper d'une main sacrilège
Ce qu'on révère, et si c'est blasphémer
Le grand passé que sa grandeur protège,
A qui la faute, et qui faut-il blâmer?
Lorsque janvier souffle froid dans la rue,
Le bal masqué tient ses antres ouverts.
Sa voix de cuivre appelle, et la cohue
Grondante emplit ces ignobles enfers.
Là, des milliers de créatures, comme
Le vieux Diogène, — et cyniques aussi, —
Vont l'œil en quête. Elles cherchent un homme,
Et leur plaisir, au fond, n'est qu'un souci.
Gorgés de vin et d'absinthe, les masques,
Bruyants d'ivresse... et peut-être d'ennui,
Font des assauts de paroles fantasques,
Dans le langage... imagé d'aujourd'hui.
Et de là-haut, un monsieur qui se penche,
Pâle, l'œil trouble, étalant ses gants blancs,
Son habit noir et sa cravate blanche,
Mêle sa voix à ces éclats stridents.
C'est un des fils de votre monde étrange.
Il se marie, il vous l'a dit, demain!
Qu'apprendra-t-il à sa femme, cet ange,
Qui dort, rêvant à ce doux mot : Hymen?
Il l'aimera peut-être en cette langue
Pour un temps chère aux esprits parisiens...
Et vous voulez, vous, que l'on vous harangue
En style noble, avec des mots anciens?
V'là vos mœurs, et c'est votre langage!
Or le théâtre est l'objectif des temps,
Et vous devez y laisser votre image,
Vous qui serez des types dans cent ans.
Tant pis pour vous! li peint; le siècle pose.
Et vous voyant, devez-vous murmurer?
Si vous voulez qu'on vous montre autre chose,
Montrez-nous donc autre chose à montrer!
En attendant, sans crier au scandale,
Ecoutez-le, ce langage hardi,
Qui donne envie au public dans sa stalle
De répondre : Eh! Chicard!

LE MONSIEUR, *s'approchant.*
As-tu fini?

REPRISE EN CHŒUR.

SAUVAGEON. A la bonne heure! je veux bien, moi! j'ai un bon caractère.

TROTTAPATTES. Nous n'avons plus qu'à prier ces messieurs et ces dames de continuer.

LA MUSE. Allez-y donc!

TOUS. Ohé! tais donc ton bec! (*Ils continuent, parlant tous à la fois.*)

LE MONSIEUR. Allez donc, tas de rafalés! vous êtes venu sans manteau, et vous avez attrapé un rhume, que vos grelots en sont enroués.

PREMIER MASQUE. Eh! va donc, étudiant de la grève!

DEUXIÈME MASQUE. Tu as loué ton habit au Temple, et tu n'as pas de quoi le payer.

TROISIÈME MASQUE. Tu n'as pas mangé depuis trois jours; c'est ce qui te rend la langue si bien pendue.

QUATRIÈME MASQUE. En v'là, un faux monsieur! veux-tu que je te prête deux sous pour te faire décrotter? (*Les masques et le monsieur sortent en criant.*)

SCÈNE IV
SAUVAGEON, TROTTAPATTES, LA MUSE.

LA MUSE. Fin du premier acte!

SAUVAGEON. L'action est intéressante.

LA MUSE. C'est pourtant ça qui a déplu à Pipe-en-Bois.

TROTTAPATTES. Ah! si ça n'a pas convenu à Pipe-en-Bois!

SAUVAGEON. Ah! si Pipe-en-Bois n'a pas été content!

TROTTAPATTES. C'est surtout plein de promesses; car enfin, pour qu'on se soit permis ça, il faut que ça amène des choses... dam! des choses épatantes.

LA MUSE. Ah! oui, allez-y voir! ça ne vaut pas même la peine de vous le montrer. Et c'est ce qui me fâche.

AIR : Simple soldat, etc.

Vous violez ce plancher consacré
Par trois cents ans de gloire et de puissance;
Vous déchirez ce rideau vénéré...
Etait-ce bien la peine, en conscience?
Le passé mort fait appel au présent?...
Soit! Tout le monde espère en votre audace.
Portez la main sur le vieux monument;
Mais comprenez qu'il faut, en l'abattant,
Mettre quelque chose à la place.
Mettez quelque chose à la place!

SAUVAGEON. Alors, assez de comédie comme ça... un peu de tragédie, maintenant.

LA MUSE. Soit! Recueillez-vous un peu; on va commencer. (*Elle sort.*)

SCÈNE V
SAUVAGEON, TROTTAPATTES.

TROTTAPATTES. Tu aimes ça, toi, la tragédie?

SAUVAGEON. Des fois. C'est grave, c'est solennel.

TROTTAPATTES. Allons! régale-toi; moi, je me résigne.

SCÈNE VI
LES MÊMES, HÉLÈNE.

(*Elle s'avance d'un air tragique. Elle a un chapeau-melon et une ombrelle.*)

SAUVAGEON. Hein! Est-ce assez solennel?

HÉLÈNE, *tout à coup.* S'appeler la belle Hélène, et... Flûte!

TROTTAPATTES. C'est vrai!

HÉLÈNE. Déclassez-vous donc pour mener une existence pareille! Toujours seule comme un pauvre chien! Jusqu'à ce Calchas, le grand augure, que j'ai fait demander pour me tirer les cartes, et qui me fait poser... Ah! Je l'entends. (*Ritournelle.*)

SAUVAGEON. Tiens! Il y a de la musique.

TROTTAPATTES. Comme dans *Athalie.*

SCÈNE VII
LES MÊMES, CALCHAS, HÉLÈNE.

HÉLÈNE.

Air : Marche des Rois. (Belle Hélène.)

Oui, c'est Calchas qui s'avance.
C'est bien lui, parbleu!
Il a beaucoup de science,
Et j'en veux un peu.
Il va, c'est mon espérance,

M'offrir le grand jeu.
Oui, c'est Calchas qui s'avance!...
C'est bien lui, parbleu!

SAUVAGEON. Casse qui s'avance!... quelle poésie extraordinaire!

CALCHAS. Salut, fille de Léda. Je me suis fait attendre, mais je faisais une partie d'oie.

HÉLÈNE. Vous n'en faites jamais d'autres. Sachez que j'ai besoin de vous pour me faire une réussite.

CALCHAS. A votre service. (A part.) Si j'avais amené huit au lieu de cinq, pourtant!...

HÉLÈNE. Voilà mon affaire. Il paraît que j'ai fait un impair en écoutant ce gamin de Pâris.

CALCHAS. Possible!

HÉLÈNE.

AIR : Amours divins! ardentes flammes! (Belle Hélène.)

J'ai tout fait pour ce Lovelace,
Qui déjà me lâche d'un cran.
Plus de mari, mais rien en place;
C'est là que j'en suis... Ah! maman!
J'ai du vague et le cœur malade;
Il me faut de l'amour, m'en faut, c'est ma tocade!

CALCHAS, à part. Si j'avais amené huit...

HÉLÈNE. Vous dites?

CALCHAS. Hein?

HÉLÈNE. On n'est pas plus abruti que ça! je vous dis : Vous dites?

CALCHAS. Ah! je dis que vous êtes restée trop longtemps à Paris. Si vous aviez été en province,... à Troie, par exemple, ça n'arriverait pas.

SAUVAGEON. Le fait est qu'à Troyes en Champagne!...

HÉLÈNE. Ah! quelqu'un! Si c'était lui!

CALCHAS. Non, c'est votre neveu Oreste.

SAUVAGEON. J'en deviendrai fou, c'est sûr.

TROTTAPATTES. Écoute donc!

SCÈNE VII
LES MÊMES, ORESTE.

ORESTE.

AIR : Nous allons jouer à l'oie. (Belle Hélène.)

Vive l'amour et la joie!
Qui s'en prive n'est qu'une oie!
Vive la joie!

ORESTE. Bonjour, ma petite tante.

HÉLÈNE. Tu vas me demander quelque chose, toi!

ORESTE. Je vais vous dire; c'est que j'ai été trouver mon oncle Ménélas...

HÉLÈNE. Pauvre bonhomme! Il va bien?

ORESTE. Pas mal. Il était à son club... Au club des Cerfs couronnés. Je lui ai demandé un peu d'argent...

HÉLÈNE. Il t'a refusé... et te voilà.

ORESTE. Oui.

HÉLÈNE. Eh bien! tu peux t'en retourner. Tu sais, j'ai beau me fouiller.

ORESTE. Oh! ma tante!

AIR : Nous naissons toutes soucieuses. (Belle Hélène.)

Si vous saviez comme ça file,
L'argent, dans ce Paris joyeux,
Vous vous montreriez plus facile,
Rien que pour contenter les dieux.
Il faut payer cher, ô ma tante,
Les sacrifices à Bacchus!
Vénus même est bien exigeante!
Voulez-vous déplaire à Vénus?
Les dieux, je crois, se sont tous entendus,
Pour faire ici cascader les écus,

HÉLÈNE. Mauvais sujet, va! Est-il câlin! C'est que j'ai de l'ennui, vois-tu!

ORESTE. Je vois bien; vous étiez bien plus gentille avant... votre accident.

HÉLÈNE. Oh! j'ai eu tort de rire avec le fils de Priam; mais c'était la fatalité.

ORESTE. Lâchez-le!

HÉLÈNE. Fatalité!

ORESTE. Lâchez-le!

HÉLÈNE. Fatalité!

ORESTE. Retournez à votre ménage, et reprenez le clé de la caisse conjugale.

HÉLÈNE. Oh! si je savais!...

CALCHAS. Grande reine, voici le beau Pâris.

HÉLÈNE. Ah! (Musique.) Nous allons rire!

TROTTAPATTES. En voilà une d'ôle de tragédie!

SAUVAGEON. On aurait dû encore y mettre un prologue en vers.

SCÈNE VIII
LES MÊMES, PARIS.

PARIS.

AIR : En couronnes, etc. (Belle Hélène).

Chez Brébant la cuisine est bonne,
Ouvrons le bec!
Le vin est fait pour qu'on l'entonne;
Buvons donc sec!
D'hydromel Homère arrose
Un bœuf rôti tout entier;
Moi, j'aime mieux le Larose
Et le salmis de gibier.
Tra la la la la li la!

HÉLÈNE. Ah! le gredin!

PARIS, à part. Oh! la reine! filons doux.

AIR : Monsieur le Diable et Madame la Fée. (Biche au Bois.)

J'arrive enfin, grâce au ciel, chère amie;
Avec bonheur je vous vois en santé.
Mais comment donc n'êtes-vous pas sortie?
Le temps est beau comme votre beauté.
Le bois verdit charmant, et dans la plaine
Les biches jouent près du lac qui leur plaît.
Au rendez-vous manque seule la reine;
Si vous eussiez paru, c'était complet!

HÉLÈNE. Ta ta ta ta! Il y a trois jours que vous y êtes?

PARIS, à part. Oh! une scène!

SAUVAGEON. Une scène de la belle Hélène.

PARIS. Voilà! j'étais au cercle.

HÉLÈNE. Connu! A Leucade, le cercle!

PARIS. Oh! vous êtes arriérée, ma chère. On ne dit plus à Leucade! On dit : à Chaillot!...

ORESTE, à part. Il va bien!

TROTTAPATTES. C'est mon avis.

HÉLÈNE. Ah! polisson! vous savez ça. Et comment le savez-vous?

PARIS. Ah! bien, tant pis! Puisque vous le prenez comme ça...

ORESTE, à part. Bravo!

PARIS. J'ai fait une rencontre, là!

HÉLÈNE. Quelle rencontre!

PARIS. Une charretée de fleurs... Un panier où il y avait...

HÉLÈNE. Quoi?

PARIS, à part. Bigre! elle va m'arracher un œil! (Haut.) Rien...

ORESTE, à part. Il canne. (Haut.) J'y étais. Il y avait les deux petites Benoiton, avec leur amie, la nommée Bibi Casseuse.

PARIS, bas. Tais-toi donc!

ORESTE. Ce n'est pas sa faute, allez.

AIR : Au mont Ida, trois déesses. (Belle Hélène.)

Dans leur corbeille à cocottes,
Elles s'étalaient... cheveux
De la couleur des carottes,
Rire aux dents, éclair aux yeux!
Oh! la! la! que ces cocottes,
Pour enganter les gandins,
Oh! la! la! que ces cocottes
Ont des trucs qui sont malins! (Bis.)
Le vent empourprait leurs joues;
Leurs robes à plis flottants
Bouffaient en cachant les roues
Sous leurs reflets éclatants.
Nous, nous regardions ces belles,
L'œil fixe et tendant le cou;
Frissonnantes, les dentelles
Dans nos cœurs faisaient froufrou.
Oh! la! la! que ces cocottes, etc.
L'une dit, — et sa voix comme
Une flûte résonnait :
— Tiens! voyez donc, ce jeune homme
N'a pas un vilain gilet!
Oh! la! la! que ces cocottes,
Pour enganter les gandins...
L'autre, de sa bouche rose,
Laissa tomber en passant :
— On lui doit donc quelque chose,
Pour qu'il nous regarde tant?
Oh! la! la! que ces cocottes,
Ont des trucs qui sont malins!
La troisième... ah! la troisième
Ne dit rien, mais quel regard!
C'était tout un long poème,
(Montrant Pâris.)
Et ça l'a mis en retard.
Oh! la! la! que ces cocottes,
Pour enganter les gandins,
Oh! la! la! que ces cocottes
Ont des trucs qui sont malins! (Bis.)

HÉLÈNE. Eh bien! c'est du propre! Trois jours?

PARIS. Dam! on a soupé.

HÉLÈNE. Taisez-vous, pas honteux!...

ORESTE, riant. Le fait est qu'il a de l'aplomb.

SAUVAGEON. Ça me fait cet effet-là.

HÉLÈNE. Et vous croyez que ça se passera comme ça?... Et que je m'abîmerai pour vous le moral... et le physique aussi, pendant que monsieur... Pas de ça, Lisette!

SAUVAGEON. Oh! c'est un peu fort, ce mot-là, dans une tragédie grecque.

PARIS. Voyons, Hélène?

HÉLÈNE. Non!... Viens, Oreste; tu me donneras le bras.

PARIS. Où allez-vous?

HÉLÈNE. A Mabille.

ORESTE. Ça y est!

AIR : Partons pour la Crête. (Belle Hélène.)

Vite à Mabille!
Vite à Mabille!
Vite à Mabille!
Bille, bille, bille, bille!

(Pâris, Calchas, Hélène et Oreste sortent.)

SCÈNE IX
PARIS, SAUVAGEON, TROTTAPATTES, LA MUSE

TROTTAPATTES. Allons! la voilà lancée.

SAUVAGEON. C'est une tragédie qui tourne mal.

LA MUSE. Ça devait lui arriver; c'est la faute à la famille Benoiton,... le mauvais exemple!...

SAUVAGEON. Qui ça, Benoiton?

LA MUSE. Une famille du voisinage, où la mère est toujours sortie... où les filles parlent la langue d'argos.... où l'enfant joue à la bourse.

SAUVAGEON. Le fait est que c'est une famille un peu...

LA MUSE. Dites : beaucoup... Aussi, c'est dans dix ans qu'il faudra voir ça.

TROTTAPATTES. Voyons?

LA MUSE. Voyons! c'est l'affaire d'un coup de baguette. V'lan, ça y est! Dix ans de passés. (Changement.)

DEUXIÈME TABLEAU

Un immense palais de cristal, disposé comme un champ de courses.

SCÈNE PREMIÈRE
TROTTAPATTES, SAUVAGEON, LA MUSE.

TROTTAPATTES. Tiens, une exposition d'horticulture.

LA MUSE. Bien deviné! Ce n'est pas ça.

SAUVAGEON. Attendez! Je sais, moi. Ce sont les nouveaux abattoirs.

LA MUSE. Vous n'y êtes pas.

TROTTAPATTES. Où sommes-nous alors?

LA MUSE. Sur le turf. C'est le champ de courses de l'avenir.

SAUVAGEON. A la bonne heure! Je me rappelle comme j'ai été trempé la dernière fois que je suis allé aux courses de Vincennes.

LA MUSE. Oh! ce temps de barbarie ne pouvait pas durer.

AIR :

Dans dix ans, dans dix ans, dans dix ans,
Je vous l'certifie,
Si Dieu vous prêt' vie,
Dans dix ans dans dix ans, dans dix ans,
Vous verriez, bonn's gens,
Bien d's changements.
Dans ce climat charmant,
Où c'est seulement
Quand on est grillé,
Qu'on n'est pas noyé,
Sag'ment combattus,
Les frimas vaincus
Enfin ne régneront plus.
Paris, mis à l'abri,
Chauffé, rafraîchi,
En tout temps plaira,
Et chacun pourra
Dans Paris couvert
Été comme hiver,
Aller sans riflard ouvert,
Dans dix ans, dans dix ans, dans dix ans,

Par les ch'vaux imprudents
Les pauvres pu*sans
Sans cess' ne s'ront plus
Broyés ou mordus.
Huit-ressorts casseur
Et fiacre rougeur
Marcheront à la vapeur.
Désormais les sportmen
De leur abdomen
Ne craindront plus tant
Le développement :
Sur un ch'val-vapeur
Le prix de l'Emp'reur
S'ra gagné par un chauffeur.
 ENSEMBLE.
Dans dix ans, dans dix ans, dans dix ans,
Ell' le certifie
Si Dieu nous prêt' vie,
Dans dix ans, dans dix ans, dans dix ans,
Nous verrons, bonnes gens,
Bien des changements.

SAUVAGEON. Comment? nous allons voir des gentlemen-riders à cheval sur des locomotives?

LA MUSE. Comme je vous le dis. C'est bien plus amusant que de courir sur des quadrupèdes. D'abord c'est plus dangereux.

SAUVAGEON. Parbleu! si on se casse le cou, au moins il sera tout à fait cassé. (*Ritournelle de l'air suivant.*)

TROTTAPATTES, *regardant*. Tiens! des dames!

SAUVAGEON. La famille en question?

LA MUSE, *regardant*. Non, ce sont des Nitouches.

TROTTAPATTES. Des?...

LA MUSE. Des Nitouches... C'est un nom qu'on donnera à ça plus tard. Vous allez voir pourquoi. Je vous laisse avec elles. (*Elle sort.*)

SCÈNE II

SAUVAGEON, TROTTAPATTES, VIOLETTE, MODESTE, BLUETTE, ROSE-DE-MAI, FLEUR-DES-CHAMPS.

AIR *inédit* de J.-M. CHAUTAGNE.
Notre sexe a peu d'agrément,
En tous lieux on le gronde,
On le fronde.
Ça n'est pas notre faut' pourtant;
C'est la faute (*ter*) aux femmes du monde.
 VIOLETTE.
On dit que nous aimons le bal,
Et le tapage et les esclandres,
Et que, pour nous, le carnaval
N'a pas de mercredi des Cendres;
Que nous mettons sur notre dos
Des atours où le luxe abonde;
On dit... mais vrai! tout ça, c'est faux.
Nous ne somm's pas des femm's du monde.
Notre sexe a peu d'agrément, etc.
 MODESTE.
On dit que nous appelons l'art
Souvent au s'cours de la nature,
Et que, nous cachant sous le fard,
On ne peut nous voir qu'en peinture;
Que nous payons chez le coiffeur
Notre tignasse, brune ou blonde...
Mais tout ça c'est faux, sur l'honneur!
Nous ne somm's pas des femmes du monde,
Notre sexe a peu d'agrément, etc.

SAUVAGEON. Que diable disent-elles?

TROTTAPATTES. Attends! nous allons voir.... Mon Dieu! mesdames, excusez l'étonnement d'un étranger... qui n'est pas d'ici.

TOUTES. Des étrangers!

BLUETTE. Bonne affaire!

TROTTAPATTEE. Nous vous entendons parler des dames en des termes..

ROSE-DE-MAI. Qui se comprennent bien, allez!

SAUVAGEON. Mais depuis quand?

VIOLETTE. Depuis que nous avons été vaincues dans la lutte inégale qu'elles ont entreprise contre nous.

MODESTE. Nous ne pouvons plus nous distinguer que par la décence et la bonne tenue.

TROTTAPATTES. Voilà des mœurs que j'étudierais volontiers... de plus près.

FLEUR DES CHAMPS. À votre aise! je reçois tous les jeudis; mais je n'admets chez moi que des hommes sérieux... très-sérieux.

SAUVAGEON, à *Bluette*. Si madame voulait m'accorder la même permission?... Je suis très-sérieux.

BLUETTE. Volontiers... venez mardi... Vous entendrez une conférence sur l'économie.

TROTTAPATTES. Politique?...

BLUETTE. Sur l'économie en général.

ROSE DE MAI. Ah! voici Fanfan.

SAUVAGEON. Quel Fanfan?

PAQUERETTE. Fanfan Benoiton, un jeune homme d'avenir.

SCÈNE III

LES MÊMES, FANFAN.

FANFAN.
Voilà Fanfan qui s'avance,
Fan qui s'avance...
Bonjour, mes petites chattes, ça va bien?

BLUETTE. Il est gris! quelle horreur!

FANFAN. Ho la la! si je suis gris, c'est qu'on m'a élevé à ça; c'est ce qui fait mon succès.

AIR *de Fanfan la Tulipe.*
Comment veut-on qu' je m' corrige,
Quand je vois qu'on applaudit,
À m'en donner le vertige,
Tout c' que Fanfan fait ou dit?
Eh! bois donc,
Fanfan p'tit prodige!
Eh! fum' donc,
Fanfan Benoiton,
À lui le pompon!
Qu'il est donc mignon!
Quel gentil garçon!
Tout est beau, tout est bien, tout est bon!
Eh! bois donc, etc.

SAUVAGEON. Dire que si j'avais un fils, il serait peut-être comme ça.

FANFAN. Je t'en fiche! il aurait trop de chance! Bien que ce soit rudement chanceux, la chance! Tel que vous me voyez, je viens de me faire ratisser.

TROTTAPATTES. Par un jardinier?

FANFAN. Par des joueurs de baccarat. Je gagnais; mais j'ai voulu gagner la table et les flambeaux. J'ai eu l'idée de prendre la carte de dessous, au lieu de celle de dessus... Ils l'ont trouvée mauvaise.

TROTTAPATTES. Pas possible!

FANFAN. Ils m'ont repris leur argent, et le mien avec, naturellement. Mais bah! ça ne m'empêchera pas d'aller te voir demain, Violette.

VIOLETTE. Ah! je vous préviens seulement qu'on ne fume pas chez moi.

FANFAN, *riant*. Sont-elles bégueules! c'est amusant.

VIOLETTE. C'est vrai, ça. Dans mon boudoir, vous vous croyez toujours dans le salon de vos sœurs.

FANFAN. Ah! ne m'en parlez pas, de mes sœurs. Elles ont trop mauvais genre. C'est pour ça que je vous aime, vous autres, les Nitouches. Ça me change, et le changement, c'est le beurre dans l'existence. (*Il remonte.*)

SAUVAGEON. Oh! le vilain monsieur!

MODESTE. Que voulez-vous? c'est un fils de famille.

PAQUERETTE. Il faut le ménager.

FANFAN, *redescendant*. Méfiez-vous, mes biches; voici madame de Sainte-Mousseline.

VIOLETTE. La prêcheuse!

ROSE DE MAI. Sauvons-nous!

REPRISE DU CHŒUR D'ENTRÉE.
(*Toutes se sauvent.*)

SCÈNE IV

SAUVAGEON, TROTTAPATTES, FANFAN, MADAME DE SAINTE-MOUSSELINE.

MADAME DE SAINTE-MOUSSELINE, *regardant partir les femmes*. Oh! Sainte Mousseline, protége-nous! Sainte Mousseline, mère des rideaux blancs, viens à nous promptement.

SAUVAGEON. Qu'est-ce que c'est que cette litanie-là?

FANFAN. Ne faites pas attention, c'est sa tocade. Voyons, madame Rasoir, il n'y a que des hommes, ici; nous ne pouvons pas nous habiller comme des fenêtres.

MADAME DE SAINTE-MOUSSELINE. S'il y avait des femmes, j'en dirais bien d'autres.

FANFAN. Eh bien! vous avez de la veine, en voilà une. Tiens! c'est maman Benoiton.

SCÈNE V

LES MÊMES, MADAME BENOITON.

MADAME BENOITON.
AIR : *L'amour un jour.*
Je sors, (*bis*)
Et ne rentre guère.
Je sors, (*bis*)
J' suis toujours dehors.
Et c'est la manière
De rester, j'espère,
Avec sa portière
En de bons rapports.
Avec ma portière
Jamais d' désaccords.
REPRISE DE L'ENSEMBLE.
Ell' sort, (*bis*)
Et ne rentre guère.
Ell' sort, (*bis*)
Et n'a pas grand tort!

MADAME BENOITON, à *Fanfan*. Tiens, te voilà, mauvais sujet. La fais-tu bonne?

FANFAN. Comme ça, maman; il y a un cheveu.

MADAME BENOITON, *à part*. Aïe! La Sainte-Mousseline! (*Haut.*) Bonjour, ma chère.

MADAME DE SAINTE-MOUSSELINE. Bonjour, petite folle. Vous voilà donc? on ne vous voit jamais.

SAUVAGEON. Le fait est que je ne l'ai jamais vue.

TROTTAPATTES. Ni moi.

FANFAN. Ni moi.

MADAME DE SAINTE-MOUSSELINE. Ni personne.

MADAME BENOITON. Il fallait venir à la maison. Je suis rentrée deux fois, depuis ces dix dernières années.

FANFAN. Cinq minutes chaque fois.

MADAME DE SAINTE-MOUSSELINE. Mais puisque je vous tiens... qu'est-ce que c'est que cette toilette là?

MADAME BENOITON. C'est une toilette qui a du chien.

MADAME DE SAINTE-MOUSSELINE. O sainte Mousseline! il n'est que temps!

AIR: *Ces pauvres hommes.* (Thomas).
Blanche mousseline, ô ma joie!
O mousseline, mes amours,
Sauve un sexe entier qui se noie
Dans le satin et le velours!
Au lieu de fair' ses confitures
Avec un torchon devant soi,
On sort, et nouvelles parures,
Dont chacune n'a qu'un emploi.
Elles en ont, Dieu me pardonne!
Exprès pour prom'ner leur carlin,
Pour grimper en haut d' la colonne,
Et pour se mettre dans leur bain.
Ah!
Blanche mousseline, etc.
REPRISE ENSEMBLE.
Blanche mousseline, etc.

MADAME BENOITON, *minaudant*. On ne peut pourtant pas aller comme une pauvresse.

SAUVAGEON. Et il me semble que madame elle-même... (*Montrant madame Sainte-Mousseline.*) Enfin, ce n'est pas là...

AIR *de Marie.*
Une robe légère
D'une entière blancheur,
MADAME DE SAINTE-MOUSSELINE.
O mousseline chère,
Tu ferais mon bonheur.
Mais enfin, si je pèche,
C'est mon affaire... après?
Faites ce que je prêche,
Et non ce que je fais.

Et puis moi, je n'ai pas de filles à qui je dois l'exemple de la modestie.

FANFAN. Ah bien! vous auriez joliment perdu votre temps avec elles. Tenez! regardez plutôt.

SCÈNE VI

LES MÊMES, JEANNE, *costume garni de carottes.*

JEANNE. Bonjour tout le monde. Tiens, maman! J'en reste d' là. (*A Fanfan.*) Te voilà, licheur? Tu as ton plumet? oui! et raide!... Il y a encore de beaux jours pour la France.

SAUVAGEON, Voilà une dame bien comme il faut.

JEANNE. On fait ce qu'on peut, quand on s'appelle Jeanne, née Benoiton; car à présent...

TROTTAPATTES. Madame est mariée?

JEANNE. C'est commun comme le bouilli, n'est-ce pas? aussi j'ai tâché d'y mettre un peu de persil autour.

AIR :

Ma sœur aînée, on se l' rappelle,
S'était fait enlever... c'est bon!
Voulant me faire enl'ver plus qu'elle,
Je m' suis mariée en ballon.

SAUVAGEON.

Bien trouvé pour une ingénue!
Car on peut espérer, c'est clair,
Qu'une union ainsi conclue
Ne s'ra qu'un mariage en l'air.

JEANNE. Monsieur a du mot... où qu'est mon balai?

TROTTAPATTES. Ah! j'allais le dire.

MADAME BENOITON. Sais-tu que tu as une toilette...

FANFAN, Pourrie de chic!...

JEANNE. N'est-ce pas? Ça a de l'œil.

MADAME DE SAINTE-MOUSSELINE. Trop.

JEANNE. Lâche-nous donc, toi! Au moins c'est distingué... On ne risque pas d'être prise pour la première venue.

AIR : *De la Vénus aux carottes*

On vit jadis la dame aux Camélias;
Si l'on dit vrai, c'était une gaillarde,
Qui savait tout et qui n'ignorait pas
Qu'on reconnaît le brave à la cocarde.
Il faut se faire un nom dans le monde... Eh bien!
Grâce aux légum's dont j'arbore les bottes,
Je veux qu'on dise en m' voyant passer : Tien !
Mais c'est la dame (*ter*) aux carottes!
Oui, c'est la dame aux carottes!

MADAME DE SAINTE - MOUSSELINE. Horreur! Elle profane le pot-au-feu!

MADAME BENOITON. Elle a raison. J'en mettrai.

SCÈNE VII

LES MÊMES, CAMILLE. *Elle a une barbe.*

CAMILLE. Oui, elle a raison. Il faut se distinguer. A bas le banal!

MADAME BENOITON. Mais c'est mon autre fille, Camille.

SAUVAGEON. Un sapeur!

TROTTAPATTES. Où qu'est mon balai! Je l'ai dit, cette fois-ci.

CAMILLE. Eh! oui, c'est moi. Et je crois que, pour le coup, je me distingue,

JEANNE. A toi le pompon! Tu as mis dans le blanc.

CAMILLE.

AIR : *De la Femme à barbe.*

On dit toujours que du côté
De la barbe est la tout'-puissance.
Je l' saurai, quand j'aurai tâté
Par moi-même son influence.
Et puis ces nigauds de passants,
Qui cour'nt en foule aux accidents,
Ne tourn'raient pas seul'ment la tête
Pour regarder un' femme honnête.

Mais grâce à ça, tas de badauds,
Vous vous mettrez le nez sur l' dos.
On n' voit rien d' mieux de Paris à Tarbe...
Vous r'gard'rez bien la femme à barbe!
C'est moi que j' suis la femme à barbe!

MADAME DE SAINTE-MOUSSELINE. Oh! abomination de la désolation! comment, vous n'avez pas honte? toi, avec cette robe-là!

AIR : *Je loge au quatrième étage.*

Peut-on, petite malheureuse,
Te voir ainsi sans te gronder?
Cette robe trop tapageuse
T'affiche et te fait regarder. (*bis.*)

CAMILLE.

Le beau malheur! d'ailleurs je gage
Que les passants, à chaque pas,
Me regarderaient davantage
Encor, si je ne l'avais pas.

MADAME DE SAINTE-MOUSSELINE, *à Jeanne,* Et toi, cette coiffure ?

Même air.

Tu ne crains donc pas qu'on en glose?
Et penses-tu que ton mari
De son goût trouverait la chose,
S'il te voyait coiffée ainsi? (*bis.*)

JEANNE.

Bah! Son exigence a des bornes.
Serait-il jaloux en voyant
A mon petit chapeau trois cornes,
Parce qu'il n'en a pas autant?
A mon p'tit chapeau j'ai trois cornes,
Il n'en aura jamais autant.

MADAME DE SAINTE-MOUSSELINE. O sainte Mousseline! on n'aurait pas dit ça sous ton règne!

CAMILLE. Allez donc vous asseoir!

TROTTAPATTES. Quelle jolie famille!

SAUVAGEON. Une petite bourgeoise bien gentile. (*Coup de canon.*) Qu'est-ce que c'est que ça?

SCÈNE VIII

LES MÊMES, LES NITOUCHES.

TOUTES, *entrant,* Le départ! le départ!

TROTTAPATTES. Quel départ?

BLUETTE. Des locomotives.

SCÈNE IX

LES MÊMES, LA MUSE DU CARNAVAL, LES MASQUES. (*Tout le monde est remonté, excepté Sauvageon et Trottapattes.*)

LA MUSE, *s'approchant d'eux,* Eh bien! qu'en dites-vous?

TROTTAPATTES. Ça m'épate!

SAUVAGEON. Ça m'hébète.

LA MUSE. Remettez-vous. Le carnaval que vous venez de voir, ce n'était qu'un cauchemar.

SAUVAGEON. C'est égal; ça m'a donné envie de retourner dans ma forêt.

TROTTAPATTES. Et à moi, de retourner au balai de mes pères.

LA MUSE. Oh! ça, ce n'est jamais de trop!

AIR : *Le bon Vin.* (J. M. Chautagne.)

Eh! v'lan! v'lan! v'lan! ça y est!
Ça fait rire,
Ça fait dire:
Eh! v'lan! v'lan! v'lan! ça y est!
Où qu', où qu', où qu'est mon balai?

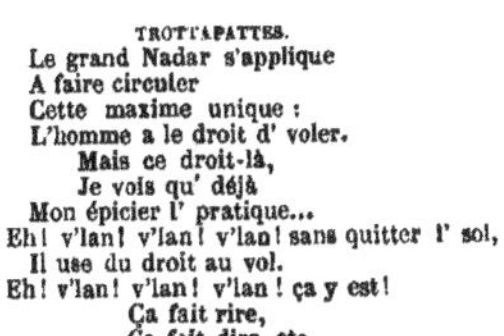

FIN

TROTTAPATTES.

Le grand Nadar s'applique
A faire circuler
Cette maxime unique :
L'homme a le droit d' voler.
Mais ce droit-là,
Je vois qu' déjà
Mon épicier l' pratique...
Eh! v'lan! v'lan! v'lan! sans quitter l' sol,
Il use du droit au vol.
Eh! v'lan! v'lan! v'lan! ça y est!
Ça fait rire,
Ça fait dire, etc.

PARIS.

Quand la balayeuse erre
Sur le boul'vart, enl'vant
L'immondice à la terre
Pour la rendre au passant,
Plus d'un' qui plaît
Aux regards fait
Autrement sa poussière...
Eh! v'lan! v'lan! v'lan!
Qui finira
Par la fair' comme ça.
Eh! v'lan! v'lan! v'lan! etc.

HÉLÈNE.

On vit à l'Hippodrome
Des taureaux des plus doux,
Dont les cornes en somme
N'étaient que des joujoux.
Un' jeune enfant
Disait, voyant
Leur douceur qu'on renomme :
Eh! v'lan, v'lan, v'lan!
Je veux oui-dà!
Qu' mon mari soit comm' ça.
Eh! v'lan, v'lan, v'lan! etc.

SAUVAGEON.

Quand on a sans scrupule
Joué les Trois homm's forts
Là-bas,... le bruit circule
Qu'en n' put trouver alors
De spectateur
Assez casseur
Pour tomber ces Hercule.
Eh! v'lan, v'lan, v'lan!
Ils assommaient
Tout ceux qui s' présentaient.
Eh! v'lan, v'lan, v'lan! etc.

JEANNE.

On d'vait à la baguette
Mener l' poisson volant.
On y va... Je t'en souhaite!
Chacun disait, voyant
Comm' ce poisson
Sans conviction
N'en faisait qu'à sa tête :
Eh! v'lan, v'lan, v'lan!
C'est, nous l' voyons,
L' Rigolo des ballons!
Eh! v'lan, v'lan, v'lan! etc.

LA MUSE.

Voir une pièc' badine
Et se mettre en courroux,
C'est un rôl' qui chagrine
Des gens d'esprit comm' vous.
N' vaut-il pas mieux
Faire, messieurs,
A mauvais jeu bonne mine?
Eh! v'lan, v'lan, v'lan!
Soyez courtois,
Et rien de Pipe-en-bois!
Eh! v'lan! v'lan! v'lan! ça y est!
Il faut rire
Et ne pas dire :
Eh! v'lan! v'lan! ça y est!
Où qu', où qu', où qu'est mon balai?

QUADRILLE FINAL.